「感じが悪い人」は、なぜ感じが悪いのか?

人生に成功する7つのSYAコミュニケーション

講談社+α新書
プラスアルファ

どんなときも、温かい友情で私を応援してくれた
四人の幼馴染み、柏野利見君、白井武志君、杉谷勝己君、諸江武君に

まえがき――感じが悪いと思われる七つの法則

本書を刊行しようと思ったきっかけは二つある。

一つは、「これほど感じの悪い人はこの世にいないのではないか」と思わせるような人にビジネスの現場で出会ったことだ。

私が勤務していたある会社の経営陣が、新たな株主によって退任させられ、その株主の意向を受けた経営陣が乗り込んできたときのことである。

もとの経営陣は有能な人たちで、企業業績は過去最高益を上げていた。突然の解任に納得できるわけがない。解任のいきさつを説明する場で、私たちの意見を代表し、同僚が、「もう一度、客観的な証拠をもとに説明してほしい」と発言をした。

すると、乗り込んできた経営陣の一人が、「そんな意見をいって良いのか。あなたにも家族がいるだろう。我々の意見に反対すると、あなたと家族のためにならない」といって、同僚を恫喝《どうかつ》したのだ。

「昔、映画の時代劇で悪家老が登場したが、現実にこんな人も生きているのだ」

そう思って、私はまじまじとその悪家老の顔を見つめたものである。

4

もう一つのきっかけは、他ならぬ自分自身が「感じが悪い人」と他人から思われた経験があることに気付いたことだ。

若い頃に、ある大企業の下請け会社を経営していたときの話だ。

経営状態が悪く、再建のために私が社長になったのだが、部下と衝突してしまった。半分以上の部下は私を信頼して、仕事を頑張ってくれたが、残りの部下たちが猛反発した。私に対して最初から反抗的だった彼らは、仕事の能力が低かったのだ。

そこで、「成果を上げることができなければ退職してほしい」と最後通告をすると、彼らは、それまでにも増して反抗的になってしまった。

いま振りかえると、言葉こそ違え、私はあの悪家老とまったく同じことをやってしまったのだ。会社の業績が良くなれば、雇用も守れるし、昇給もしようと思っていたが、社員からしてみれば、首を切るぞ、という脅しに聞こえたに違いない。

恥ずかしながら、最近まで、他人はいざ知らず、私自身は人に感じが悪いと思われることはないと、根拠もなく思い込んでいた。善意さえあれば、良好な人間関係を作れると信じていたのだ。

ギュスターヴ・フローベールは不倫小説『ボヴァリー夫人』を書き、世間の保守的な人たちから非難され、挙句《あげく》の果てに裁判にかけられたという。フローベールは法廷で、「(不倫のような不道徳なことをする）ボヴァリー夫人は私だ」といったそうだが、この言葉を借りれば、「感じの悪い人は私だ」といえるだろう。

同時に、「感じの悪い人はあなただ」ともいえるのを、肝《きも》に銘じてもらいたい。

悪家老に話を戻そう。

後日、私の知人の一人がこの悪家老と一緒に仕事をしたことがわかった。私は知人に、彼がどんな人なのかを聞いてみた。すると知人は、「頭が良く、良い男だったよ」と答えた。私が受けた感じの悪さを、知人は一切感じていなかったのだ。

感じが良いか悪いかは、その人の性格云々《うんぬん》で決まるわけではなく、人間同士が出会う社会的な状況に大きく影響されてしまうのだ。このことから、私たちは、常に感じが悪い人だと他人から思われるリスクを背負って生きているともいえるだろう。

本書は、そんなリスキーな社会のなかで、感じが悪いと思われてしまうのは一体なぜなのかを、七つの法則にまとめて紹介している。

逆にいえば、この七つさえクリアすれば、あなたが感じが悪いと思われることはなくなるのだが、もちろん、それは誰に対しても低姿勢でいれば良いという話にはならない。第三章でも紹介するが、お人好しな上司は、部下に嫌われてしまうのだ。

本章で挙げる「感じが悪いと思われる七つの法則」に注意することで、相手から「また会いたい」と思われるようになる。そのような「SEE YOU AGAIN」コミュニケーション（SYAコミュニケーション）を構築していく。最初これらの法則は、読者に、少々理屈っぽいという印象を与えるかもしれない。しかし、何度も読み返すうちに、必ずあなたの心に浸透し、血や肉になるだろう。そう、あたかも古《いにしえ》の哲学者や宗教家の箴言《しんげん》のように。

そうして、シビアな世の中で、少しでも感じの良い人になって、有利に生きていく。本書をそのサバイバルテキストとして使っていただければ本望だ。

目次◉「感じが悪い人」は、なぜ感じが悪いのか？

第五章　借金取りが「また会いたい」と思わせる手口とは？

第六章　再建のプロが「ハゲタカ」と呼ばれない手法とは？

第七章　あなたが課長どまりなのはなぜか？

第一章　あの上司はなぜ感じが悪いのか？

パワハラ上司と非行少年の違い

私の仕事の一つがカウンセリング。悩みや心の病気を持った人たちの話を聴く仕事だが、この仕事をしていると、人間は天使なのではないかと思えてくる。クライアントから、懸命に、そして、誠実に生きることの大切さを改めて教わるからだ。

しかし、ビジネスの現場となると、人間が悪魔の顔を持つことを思い知らされるシーンに出くわす。

その一つがパワーハラスメントやセクシャルハラスメントだ。私は、カウンセリングの一環で、そういった相談もよく受ける。

最近は、証拠となるメールや、レコーダーで録音した音声が残っているケースもある。それを見聞きすると、なぜそこまで部下を攻撃せねばならないのか、理解に苦しむものが多い。

ちなみに、それなりの規模の企業でこういった事件が起きたならば、パワハラをする上司が一人だけということはまずない。その上司のさらに上の上司がパワハラ傾向だったり、昔の上司が鬼軍曹的な人だったりする可能性が高いのだ。

一人のパワハラ上司の誕生には、複数のパワハラ上司や同僚が必要であり、企業にパワハラを良しとする空気が蔓延している可能性がある。

実際、私がカウンセリングをした体験からすると、パワハラ上司の言動の大部分は、「学習された暴力的言動傾向」だった。

たとえば、「上司の指示を守らない部下を怒鳴りつけたら、きちんと指示を守ったシーンを目撃したことから、怒鳴りつける行動がマネジメントに有効だと感じた」「発注側の担当者が取引停止をちらつかせて脅したので、泣く泣く値下げに応じたといった体験を持っている」という人がいた。

そういう意味では、昔、私が小さな塾を経営していた頃に出会った非行少年と、事情は変わらない。非行少年が親や教師に反抗したのも、その言動が親や教師の注意を惹《ひ》き付けると「学習」したからだ。

しかし、ここで触れたいのは、非行少年とパワハラ上司の違いだ。その一つに、パワハラ上司が自分の行動の正当性を強く主張することが挙げられる。

私の接した非行少年は、全員が自分たちは悪いことをしているという自覚があった。万引きや暴力事件を起こした少年・少女は、親が悪い、教師が悪いと主張する一方で、自分の行動も良くないと認めていた。

一方、パワハラ上司はどうか。「部下の将来を真剣に考えているからこそ、厳しい態度で臨んでいる。それを理解できないなんて、話にもならない」と、パワハラで訴えた部下を本心から非難する。

もちろん、非行少年とパワハラ上司の間にある社会的地位の差や、人生経験の違いが原因とする見方もあるだろう。三〇歳を超えて、もしくは課長や部長になって、それなりの社会的地位を築いた人が、すんなりと「私が悪かった」と認めるわけにはいかないのもよくわかる。

しかし、ここで着目すべきは、パワハラ上司のほうが、非行少年よりも閉鎖的な集団にいたことだろう。

非行少年は非行グループのなかにいるが、彼らは世間一般とさまざまな接点がある。彼らの多くが、学校にも行き、学校が終われば街のなかでたむろする。

そのなかで、社会的に自分たちが好ましい存在でないことを嫌というほど思い知る機会があるし、親の嘆き、教師の激怒、万引きをされた商店主の嫌悪や軽蔑の目、ときには、昔、非行少年だった人からの温かい視線など、世間の感情に日常的に触れている。彼らは、「世俗の知恵」(street smart)を、あらゆる面で学ぶわけだ。

反して、企業は非行グループよりもはるかに閉鎖的な社会集団だ。企業に働く人たちは、知らず知らずのうちに、その企業の文化の影響を受けるし、何が正しく何が間違っているのか、何が効果的で何が効果的でないか、上司をはじめとする周囲の人たちから日常的なフィードバックを受けている。

しかも、一般社員と違って、課長や部長に昇進した人の多くは、それなりの能力や経済的な力を持っていると自負している。

この自負の源は、社会的地位だ。勤務する企業規模が大きければ大きいほど、社会的地位は（周囲の人の目から見ても）高くなってしまう。

すると、その企業に所属していることが本人にとってもっとも重要になり、企業のなかで通用している常識や倫理観が、いつの間にか、本人の常識や倫理観にすり替わってしまうのだ。

パワハラ上司が、自分のパワハラ行為を、「成果を上げるために必要」「職場秩序を保つために効果がある」と本気で信じ込んでしまうのはこのためだ。

人間は、周囲が認める、もしくは黙認する行動を取ろうとする。認められていない行動を取ろうとすると、相当な覚悟が必要だ。

パワハラ上司のほとんどは、会社をクビになる覚悟をしたうえで、部下を震え上がらせるメールを送り付けていたわけではない。部下を震え上がらせる行為が、「マネジメントには必要だ」とパワハラ上司が学習する機会がその企業内にあったのだ。

難しいパワハラの線引き

加えて、パワハラ言動が正しいマネジメント方法だと錯覚されるのは、ビジネスの場面では、間違ったマネジメント行為と、正しいマネジメント行為が連続しているからでもある。線引きができれば、パワハラ上司といえども間違えることはない。しかし、現実の企業現場では、悪と善は連続してしまう。

一例を挙げてみよう。月間目標を達成できなかった部下がいるとする。上司はその部下に対して、どのような働きかけをすればいいのだろうか。

①「来月、今月達成できなかった分を取り戻すには、どうすれば良いかを考えよう」と声を掛ける。
②「頑張れ」と声を掛ける。
③月間目標を達成できなかったことには触れないままにする。
④目標達成できなかった原因を聞き、問題解決の方法を考えさせる。
⑤「目標未達の言い訳をするな。欲しいのは結果だけだ」といって突き放す。
⑥「目標達成できなかったときは、賞与の評価は悪くなるぞ」と警告する。

⑦別の部屋で二人だけで面談をして、「馬鹿野郎」と叱責《しっせき》する。
⑧目標未達成者にトイレ掃除をさせる。
⑨営業グループ皆の前で、目標未達成者たちを罵倒《ばとう》する。
⑩毎日のノルマを達成しないと、帰宅させない。
⑪目標未達成者には、ファイルか何かを投げつけて、「お前のような根性なしは、我が部署にはいらない」と罵倒する。
⑫「お前は営業には向いていないから、他の仕事を探したほうがいい」と責めたてる。
⑬「ここまで面倒を見たのに、結果を出すことができず、恩知らずだ」と自宅にメールを送り付ける。

どこからが正当な厳しさであり、どこからがパワハラなのか。線引きは簡単ではない。⑥の「『目標達成できなかったときは、賞与の評価は悪くなるぞ』と警告する」というマネジメント行動はパワハラでなく、⑦の「別の部屋で二人だけで面談をして、『馬鹿野郎』と叱責する」マネジメント行動はパワハラだと、きれいに分けることができるだろうか。

悪の心理学と英雄的行動の心理学

二〇〇七年七月、ベルリンで開かれたヨーロッパ心理学会で、私はフィリップ・ジンバルドの講演を聴き衝撃を受けた。講演テーマは「The Lucifer Effect（ルシファー効果）」であった。ちなみに、ルシファーとは神にそむいて悪魔になった堕天使を指す。

ジンバルドは、心理学の世界では、「スタンフォード監獄実験（Stanford Prison Experiment：SPE）」を行ったことで有名である。このときは、スタンレー・ミルグラムの服従実験や、ジンバルド自身が行ったSPEをもとに、ごく普通の人間が、残虐行為を犯してしまう心理プロセスについて講演をした。

このプロセスが実験室のなかにとどまらず、現実の社会でも働く実例として、彼は、アブグレイブ刑務所のイラク人捕虜に対する虐待の実態を説明した。さらに、ナチスや日本軍による残虐行為も例に挙げ、非人道的なことが、ごく普通の人間によって引き起こされたことを指摘した。

ジンバルドはこれを、「The banality of evil（悪にはありふれた性質があること）」と呼んだ。

ここまでが彼の講演の前半の内容で、いわば「悪の心理学」といえるだろう。後半は、それとは逆に、過酷な状況のなかで、自分の生命をかけて人間の尊厳を守り通した人を取り上げた。

そこでは、マハトマ・ガンディーやマーティン・ルーサー・キングも紹介されたが、印象的だったのは、ナチスに迫害されたユダヤ人を救おうとしたミープ・ヒース、ヒトラー政権に抵抗した白バラ抵抗運動のショル兄妹、天安門事件で戦車の前に立つ青年の話だ。

これらの人は、特別の才能に恵まれたわけでもないし、大きな運動の指導者でもなかった。私たちに限りなく近い、普通の人である。

ジンバルドは、「The banality of heroism（英雄的行動にはありふれた性質があること）」と呼び、「悪の心理学」に対して、普通の人が、人間の尊厳を守るために行動ができるようになるための「英雄的行動の心理学」の重要性を訴えた。

私はこのジンバルドの考えを借り、普通のビジネスマンが、社会的に許されない行為を犯してしまう「悪の心理学」と、企業が社会的に健全な姿を保つために、自分のキャリアを危うくしてまでも正しいビジネスのやり方を貫こうとする「英雄的行動の心理学」を、本書で構築したい。

むろん、ジンバルドの研究対象者は、私たちが日ごろの生活で経験しないような状況に置かれていた。「悪の心理学」に関していえば、ジンバルドが行ったＳＰＥの状況設定は、非日常的な空間である（もちろん、スタンフォード大学内に設置された刑務所は本物の刑務所ではないが）。

その実験では、ボランティアで集められた学生が、刑務所の看守と囚人の役に分かれて、閉鎖された実験棟のなかで、それぞれの役割を演じるうちに、看守による虐待が始まり、実験を途中で中止せざるを得なくなったという。

私はこの法則が、通常のビジネスの現場、私たちの日常にも応用できると考えている。私たちが人間の誇りと尊厳を持って生きるにはどうすべきだろうか。

ポジション・パワーが持つ魔力

さて、悪の定義とは何だろうか？

ジンバルドは「何も悪いことをしていない人に、害を与えたり、虐待したり、尊厳を損なったり、人間性を奪ったり、破滅させたりする意図的な行動、または、自分の利益のために、自分が直接手を下さず、他の誰かに、いま述べたような邪悪な行動をさせるために、自分の持つ権力や組織的な力を使う行動」と定義している。

パワハラをする上司の行動は、定義の前半部が該当する。会社を私物化し、粉飾決算をするように圧力をかける経営者の行動は、定義の後半部に当てはまるだろう。ビジネスの悪についても、ジンバルドの定義をそのまま使えそうだ。

本書で主に取り扱う「悪」は、企業犯罪のような大げさなものでなく、ごくささやかな、ビジネスマンの「感じの悪さ」にしたい。このほうが、一般の人にとっては、よほど気になることだからだ。

ビジネスで、感じが悪い人が悪と結び付くのは、感じの悪い人と相当な時間付き合わざるを得ない関係があり、しかも感じの悪い人が優位な地位にいるときである。問題をわかりやすくするために、ビジネス現場の上司と部下の関係にしぼって、「優位な地位」が人間の悪にどのような影響を与えているのかを考えてみよう。

ポジション・パワー（権威の一種である）が人間に及ぼす影響に関して、古典的な心理学実験がある。先に名前だけ触れたスタンレー・ミルグラムの実験だ。

スタンレー・ミルグラムはユダヤ系アメリカ人で、ジンバルドとは高校の同級生だった。イェール大学で心理学者となった彼は、「ユダヤ人を虐殺した人たちのほとんどは、ごく普通の人ではないか」という思いに至り、実験をした。

彼は、より良い学習と記憶方法を開発するための実験という触れ込みで、実験協力者を公募した。

応募者はペアで実験に協力をする。一人がテストを受ける人（学習者役。じつはサクラで

ある）で隣の部屋に入れられて、電流が流れる電線と電極が腕に取り付けられている。教師
役は、問題をいって、学習者役が正解すればOK、間違えると、罰として電圧ボタンを押す
役割が与えられる。教師役の人だけが、本物の応募者だ。
電圧ボタンは一五ボルトから始まり、一五ボルト刻みで四五〇ボルトまで並んでいる。電
圧が上がるにつれて、「強いショック」とか、「非常に強いショック」「危険、ひどいショッ
ク」などと注意書きが電圧ボタンの横に表示されている。
問題を読み上げ、正解であれば、次の問題を読み上げる。間違えるたびにより高い電圧ボ
タンを押さなければならない。電圧が上がると、テストを受ける役のサクラの悲鳴がだんだ
ん酷くなる（当然ながら、電流は流れていない。サクラの人が、演技をしているだけであ
る）。
たいていの被験者は、途中でボタンを押すことを躊躇《ちゅうちょ》する。すると白衣を着た研究者（こ
の人もサクラだ）が、どんどん電圧ボタンを押すように、冷たく指示を与える。
最高ボルトに近付くと、テストを受ける人は悲鳴を上げなくなり、隣の部屋は不気味な沈
黙に包まれる。それでも研究者役のサクラはどんどん上の電圧ボタンを押すよう指示し続け
る。
この実験で、すべての被験者のうち、六五％が研究者の指示に従って、最終ボタンまで押

したという研究結果になった。

この実験結果は、アメリカ社会に衝撃を与えた。開拓者魂を持ち、何よりも個人の自立が重んじられるアメリカ人のイメージが、ミルグラムの実験でふっとんでしまったのである。

この実験に対してさまざまな批判もされたが、ベトナム戦争のさなか、ソンミ村でアメリカ軍が農民の大量虐殺を起こしたときや、エンロン社が不正な会計方法で巨額の損失を粉飾し倒産したときなど、社会的な不祥事をアメリカ人が犯したときに、必ず取り上げられる実験結果となっている。人間の権威に対する弱さを、多くの人が実感しているからだろう。

権威に従順な傾向があるのは、何も人間だけではない。よく知られているようにサルやゴリラにも、その群れのボスに従う性質がある。集団を形成し、力を合わせることで生き延びる確率を高めている動物は、権威に従う傾向を持たなければ、集団を作り上げることはできないのだ。

権威、または優位な地位に従うのは、生まれつきの性質なのか、後天的に学習するものかは、まだ明確にはわかっていないが、企業でも、役所でも、何らかの権力構造ができ上がっていて、権威に従うように絶えず社員や公務員にプレッシャーがかかるようになっている。

むろん、権威に従う傾向を私たちが持っていることは、両刃《もろは》の剣《つるぎ》だ。一人では到底できない偉大な仕事を皆が力を合わせてやり遂げることにも繋《つな》がる一方、ナチスのように何百万人ものユダヤ人を虐殺することにも繋がっていく。

権力の魔力で人生を狂わされた男

権威に従わないと、企業や役所の出世の階段は登れない。階層の上に行くと、経済的な報酬も大きくなり、周囲の目も変わってきて、セルフ・エスティーム（自尊感情）も高くなる。

セルフ・エスティームは、自分は価値ある人間であるという気持ちだ。当然のことながらセルフ・エスティームが高いほうが心地良いし、前向きに生きていける。そのため、必死になって権威のある上司の命令に従おうとする。

今日、企業では上司の権威は、昔よりも大きくなっているように思える。日本が高い経済成長率を誇っていたころ、ビジネスマンは企業戦士とかモーレツ社員などといわれ、上司から「どんどん働け」と発破《はっぱ》をかけられていた。

しかし、現在ほど会社は閉鎖的な感じはなかった。社会全体が人手不足だっただけに、会社を辞めても、たいていの人は転職先をすぐに見つけることができたからだろう。気にいらない上司であれば、さっさと退職すれば良いという空気があって、今日よりも開放的だった。

最近のパワハラメールを読むたびに、「一九七〇年代の企業で、こんなことを上司がやったら、職場全員が一斉に退職して、駄目上司のレッテルを貼られるだろうな」と思う。権威が強くなり、部下も逃げ場がなくなれば、「感じの悪い上司」の言動は、部下にとって災《わざわ》いとなる。

権威が大きくなる、つまりポジション・パワーが大きくなると、人間を惹き付ける魔力も大きくなる。なぜなら、企業では、ポジションが上がると、自分が偉くなったと思えるような仕掛けが準備されているからだ。

たとえば出張規程では、ある一定以上の役職になれば、グリーン車に乗れたり、飛行機はビジネスクラスが使えたりする。机の大きさも変わるし、自分の部屋も与えられる。

そうなると、自分が偉い人間になった気がしてくるものだ。他人に支配されるよりも、他人を支配するほうが、心理的には快適である。権力の魔力の源は、自分が特別な人間だと思わせるところにある。

権力の魔力と「感じの悪さ」が合体した上司は、部下にとって最悪の存在となるだろう。そういう上司のもとで働いて、パワハラを受け、メンタルが破綻《はたん》し、仕事ができなくなった人をこれまで何人も見てきた。

何もそこまで我慢をしなくても、さっさと逃げ出したほうが良いと思えるのだが、いじめる側もいじめられる側も、閉鎖的な環境のなかで、ともに権力の魔力に魅せられている。

パワハラを受ける人の話を聞くと、上司の命令に従わないと自分のキャリアはおしまいになると思い込んでいる。「あなたには退職するという選択肢もありますよ」と声を掛けると、ほっとする人もいるくらいだ。

しかし、権力とは恐ろしいものである。権力の魔力によって人生を狂わされた、一人の人間の生涯を振り返ることは、その魔力の本質を知るうえで、意義深いだろう。

悲劇の人生を送った男の名前は、アルベルト・シュペーアである。

善良な人を悪に引き込む方法

アルベルト・シュペーアは一九〇五年、ドイツのマンハイムに生まれた。彼の自伝『第三帝国の神殿にて』によれば、裕福で愛情あふれる家庭だったようだ。祖父と父が建築家だった。彼もミュンヘン工業大学、ベルリン＝シャルロッテンブルク工業大学で建築を学び、建築家になった。

しかし、ヒトラーの演説を聴き感銘を受け、一九三一年一月にナチス党の党員となったことから、人生ががらりと変わっていく。

入党した頃は、ナチス党の雑務を手伝っているだけだったが、ベルリンのナチス党の建物の改装工事をしたことがヒトラーに認められ、ヒトラーのお抱えの建築家となっていった。ヒトラーの総統官邸をはじめ、たくさんのナチスの建築物を手掛けたが、シュペーアが歴史的に有名になったのは一九四二年に軍需大臣に就任してからである。

彼は、連合国軍の爆撃下で、軍需生産を維持し続けたことや、ヒトラーが戦争末期、ドイツに残された産業施設破壊命令を出したが、その命令に背《そむ》いて、産業施設を守ったことで知られている。また戦後、ナチスの戦争犯罪が裁かれたニュルンベルク裁判で、自分が戦争犯罪人であることをみずから認めた人としても有名だ。

ナチスの幹部のなかでも教養があり、バランスの取れた性格の持ち主だった。

なぜ彼のような人物が、ナチスの残虐な行為に手を貸してしまったか。これを明らかにすることは、今後、私たちが悪に引き込まれ、不幸な人生を送る危険を回避するために有益だろう。

そこで、前出のジンバルドに再び登場願おう。

以下にある①～⑩を見ていただきたい。ジンバルドは、SPEやミルグラムの実験をもとに、邪悪な組織やカリスマ的な指導者が、善良な人を悪に引き込むために使う一〇の方法を明らかにした。これに、シュペーアの置かれていた状況と、企業の状況を当てはめて、私なりの解釈を加えてみた。

①悪の組織は合法的な装いをしていて、加入に当たって、指導者や組織の命令に従うという誓約や契約のようなものを交わす。

これについては、一九三一年にシュペーアはナチスに入党したが、その際には党の命令に従うことを誓約し、党員番号が与えられている。

これは、企業にも当てはまる。社員は入社に当たって、雇用契約を結び、業務命令に従うことを誓約する。むろん、悪徳企業においても同じことが行われる。

②組織に参加した者には、果たすべき役割と、その役割を果たす意味が与えられる。

シュペーアの場合は、入党したときに本業の建築家の仕事がなかった。最初は伝令役のような単純な仕事をしていたが、だんだんとナチスの幹部から彼本来の建築の仕事を依頼されるようになった。自分の果たす役割が、徐々に与えられるようになったのだ。

企業でいえば、社員も出世すればするほど、自らの果たすべき役割とその意味が与えられる。皮肉なことだが、一般の企業よりも、いわゆるブラック企業のほうが、熱心に意味付けをしている傾向にある。

悪への第一歩とは何か

③「規則は規則なのだから、守らねばならない」という考え方を少しずつ浸透させる。

ナチスの戦争犯罪で起訴されたほとんどの人は、「自分はただ命令に従っただけだ」と自己弁護に終始した。その点、シュペーアは自分の罪を認めた点で、他のナチスの戦犯とは違うかもしれない。

しかし、軍需大臣になる前に、彼はヒトラーが戦争への道を突き進んでいる姿を間近に見ながら、自分の仕事であるベルリン大改造計画に没頭していた。彼自身が自伝で述べているように、「ヒトラーの建築技師以外の何物でもあろうとしなかった」という態度を取っていたのは、規則で決められた自分の役割以外のことに目を向けなくても良いと彼が考えていたからだ。

では、企業はどうか。

一九八五年に起きた豊田商事事件を考えてみよう。一人暮らしの老人を狙った詐欺事件として有名だが、強引な地金の販売で、一般家庭にも営業をしていた。事件後、豊田商事の社員の一人が、「会長の永野《ながの》一男《かずお》の命令に従っただけで、自分たちも被害者だ」という趣旨の発言をしていた記憶がある。

たしかに、悪い会社とは知らず、入社して、悪徳商法を強制された人もいたのだろう。これらの人は、「業務命令に従わねばならないと就業規則に書かれている。規則は規則だから」と自分に言い聞かせていたのではないか。

④残虐行為をしても、それは崇高《すうこう》な目的を果たすための行動であるというように行動の意味付けを変えてしまう。

シュペーアは一九四二年に軍需大臣に就任後、不足する労働力を補うために、収容所にいるユダヤ人に強制労働をさせた。シュペーア自身は強制収容所の実態を戦後になって知ったといっているが、彼の立場から考えて、これは信じがたい。

軍需大臣のときは、母国を敵から守るためのやむを得ない手段として、強制労働を正当化していたと考えられる。

企業でいえば、二〇〇一年にウォール・ストリート・ジャーナルが報じて明るみに出たエンロンの不正会計疑惑はどうだろうか。

エンロンは、カリフォルニア州で停電を起こさせ、そこから莫大な利益を得たが、これらのような卑劣な行為をしていたエンロンのディーラーたちは、「利益を上げることは、企業や株主などの企業関係者のために重要なこと」という使命感に駆《か》られていた。

自らの行動が崇高な目的を果たしていると思い込んでいたのだろう。

⑤責任の所在を曖昧《あいまい》にしたり、実行者に責任がないように思わせる。

ナチス・ドイツが独裁国家だったがゆえに、ユダヤ人虐殺の責任をすべてアドルフ・ヒトラーに負わせることができた。「すべての戦争犯罪に対して、ナチスの幹部は連帯責任を負うべきである」とシュペーアが判断したのは、戦争が終わってからだ。彼の自伝にも、「自分は政治的立場を一切取らなくても良いのだと思っていた。そのうえ、ナチスの教育は、それぞれの分に忠実であれば良いという考えを叩き込んでいた」と書かれている。

シュペーア自身は自分の担当職務だけに責任があると考え、もっと大きなことに責任があるとは思いもしなかったのだ。

エンロン事件ではどうか。

不正な経理操作を命じられていた一般社員は、「CFOのアンドリュー・ファストウに責任がある」と主張し、そのアンドリュー・ファストウは、「CEOのケネス・レイに責任がある」と考えていた。

もちろん、企業犯罪でもっとも重い責任を負わねばならないのは経営トップであるが、このことは社員や役員がそう考えることで、実行者や管理者としての自分には責任がない、と考えてしまうことにも繋がる。

反対意見を述べる機会を与えると

⑥悪事をさせるときは、最初は些細《ささい》な悪事をさせる。すると、そのあと悪事のレベルがだんだんと上がっても平気になっていくことがある。麻薬中毒になるプロセスもよく似ている。最初はほんの好奇心から、覚醒剤を打つ。そこから本格的な中毒者へと転落していく。

⑦悪への道はなだらかで、少しずつ、悪のレベルが上がっていくようになっている。この道を歩んでいる人間は、自分がだんだんと酷いことをしていっているのに気が付かない。

⑥と⑦についてはほぼ同じことを指しているため、同時に取り上げたい。シュペーアがナチスの犯罪に加担してしまった原因のうちで、いちばん大きなものがこれだろう。シュペーアは、最初は建築技師で、「ナチスの政治的な問題には無関係」という立場を取り続けた。ユダヤ人への迫害を目撃しながらも、建築家の仕事に没頭し続けた。

悪事に目をつぶるのは、悪への第一歩である。シュペーアはたしかにユダヤ人虐殺に直接の関与はしていないかもしれないが、結果的には黙認した。そのままずるずると軍需大臣になってからは、ユダヤ人の強制労働に、何らかの役割を演じざるを得なくなった。

企業でいえば、食中毒や公害問題などの事件を引き起こした企業の共通点である。大きな事故が一件起きる背景には、あやうく大惨事になるようなヒヤリとするトラブルが三〇〇件起きているとする「ハインリッヒの法則」がよく知られている。

不詳事を引き起こした企業では、前兆となるトラブルが起きていたはずだ。最初のトラブルが起き、「臭い物に蓋」的な処理を行ったとき、そこから悪へのエスカレートが始まる。

販売目標達成を強制された営業所が、虚偽の売上高を一度でも報告すると、その後も嘘の上塗りをせざるを得ない。一〇〇万円をごまかしたら、次に一一〇万円ごまかしても、それほど違いを感じない。公金横領も、同じ心理が働いている。

⑧権力を持った人物が、最初は言動を慎み、効果的な指示命令をしているが、だんだんと不正を行い、過酷な要求をしたり、非合理的な命令を出すようになる。

シュペーアの自伝に、初めてヒトラーの演説を聴いたときの記述がある。演説会場にヒトラーが現れるが、ナチスの制服を着ていなかった。「よく似合う青い背広で、市民的な生まじめさを見せ、すべてが折り目正しい印象を私に与えた。のちに私は、彼が、意識的にか本能的にか、周囲に自分を合わせるのが実にうまいことを知った」と書き残している。

ヒトラーと並ぶ冷血な独裁者ヨシフ・スターリンも、ユーモアがあり、魅力的な人間で、権力を握る前は、周囲の人間から好かれていたという。たしかに、周囲にはじめから嫌われている者が、権力を持つポジションに至ることはない。

私自身の苦い体験においても、会社を私物化した経営トップは、支配権を握るまで、ユーモアと思いやりのある言動で人気があった。悪いことをする人は、最初は目立って悪いことはしないものだ。

しかし、揺るぎのない支配権を握ると、暴走をはじめ、誰も止められなくなってしまう。

⑨枝葉の問題について部下が異議を唱えることを認めつつ、一方でどんどん命令に従うよう

にプレッシャーをかける。部下の立場からすれば、納得できない命令に異議を申し立てたうえ、再度命令をされて、悪行を実行すれば、「自分は反対したのだから」と良心の呵責《かしゃく》の苦しみは軽くなる。

ヒトラーは、自分の考えが他の者の考えと食い違っても、決して自説にこだわらなかった。「うん、君のいう通りだ。そのほうが良いよ」とシュペーアは、ヒトラーが周囲の人間の意見に聴く耳を持っていたことを自伝に残している。

ヒトラーの戦争指導に対して、ドイツ軍の将軍たちは反対意見を述べている。反対意見を述べる機会を与えることは、良いことをするときだけでなく、悪いことをするときでも、命令を遂行させるには有効なのだ。

企業に当てはめれば、経営会議でも、取締役会でも、反対意見を述べてもいい。反対意見を述べた事実を、会議録に残すこともできる。

ただ、良い企業では、良い反対意見を経営方針に反映させるが、悪徳企業では良い反対意見は無視されてしまう。しかし、反対意見を述べた人間は、いった時点で気持ちが楽になる。ここに落とし穴があるのだ。

本来であれば、反対意見を表明するだけでなく、道義的に許されない決定がされたとき、その決定が実行されないように行動しなければならない。欠陥商品問題をひた隠しにした企業でも、そのプロセスで、良心的な意見をいう人はいたはずだ。出世の道を絶たれるリスクがあっても、良心的な意見の持ち主の力を結集して、組織の暴走をストップせねばならない。

エンロン事件を例にすれば、粉飾経理を摘発したエンロンの役員、シャロン・ワトキンスのような勇気ある行動が必要になる。

⑩いかにも社会的に立派なことをしていると見せかける。イデオロギーやスローガンやビジョンを美辞麗句《びじれいく》で飾り立てる。

シュペーアは自伝で、「考えるたびに奇妙だと思うのは、ヒトラーの反ユダヤ思想が私にはほとんど印象に残らなかったことである」と述べている。ナチスは、世界恐慌で生活不安におびえるドイツ人を、ユートピア構想で魅了した。

ナチスには、宣伝の天才とうたわれたヨーゼフ・ゲッベルス宣伝相がいたことも忘れてはならない。ドイツ人だけでなく、世界中の人々がナチスに騙されたのだ。

企業ではないが、カルト宗教の教義も、教義そのものはたいてい立派である。しかし、忘れてはならないのは、ビジョンや理念は、それ自体では何の力もないことだ。あまりに立派なことをいう企業や組織は用心したほうが良い。

こうしてみると、企業にも類似の方法が取られているのがわかるだろう。エンロン、豊田商事事件など、企業活動も倫理観が欠如すると、悪の組織へ転落することになる。そのことに私たちは注意をしなければならないのだ。

悪に引き込まれないための対処法

ジンバルドは、私たちが「悪に引き込まれないための対処法」をいくつか提案している。彼の考えを参考にしながら、私自身の体験を踏まえ、悪への対処方法を考えてみた。

次頁の表1をご覧いただきたい。むろん、対処方法は、個人差があり万能ではない。すべての人間に当てはまることは、人間は常に悪に引き込まれるリスクを抱えながら生きていることだ。この六つの対処方法を実行すれば、ビジネスの現場で、悪への道に誘い込まれることを防ぐことができるだろう。

「ヒトラーは、相手によって態度を変え、感じの良い人間であったり、感じの悪い人間であったりした」と、アルベルト・シュペーアは自伝で述べている。つまり、感じの良さと悪さ

表1　悪に引き込まれないための6つの対処法

①自分や、自分の企業の行動の結果が、世の中の人々にどのような影響を与えるのかをシミュレートすること。
②「知らなかった」ということは免罪符にはならない。シュペーアが苦悩のなかで、ユダヤ人の虐殺問題について、「私が知っていたか、知らなかったか、そしてどの程度知っていたか、などということは、自分が残虐行為について知らなければならなかったのであり、たとえわずかしか知らなくても、そのわずかなことから当然その帰結がわかっていたはずだと考えれば、もうまったく取るに足らないことなのである」と述べている。
③「自分はあのような行為には反対だといった」という事実は免罪符にはならない。非人間的なことが行われようとしていたら、阻止するための行動を取らなければならない。行動する以外に免罪符はない。
④業務命令は尊重すべきであるが、人間の生命や尊厳をよりいっそう尊重する思考習慣を身に付ける努力をする。私たちが社会人として生活をするためには、与えられた命令や指示を誠実に守らねばならない。しかし、人間の生命や尊厳をおろそかにする言動は許されない。
⑤チームワークを大切にすべきだが、自分の価値判断や思考の独自性を守ること。チームワークと個人の独自性とのバランスをうまく取ることは至難の業《わざ》である。チームが悪い方向に突き進むリスクは常にあり、チームメンバーの独自性があれば、チームの暴走を食い止めることができるので、個人の独自性も活かせるチーム作りをすべきである。
⑥第一章のはじめで、私はパワハラ上司について、「それなりの社会的地位を築いた人が、すんなりと『私が悪かった』と認めるわけにはいかない」と述べた。自分が間違いを犯す人間であると認めることは、口でいうのは簡単だが、実行は難しい。自分の間違いを認めるには、相当にセルフ・エフィカシー（自己効力感）を高くしておかねばならない。セルフ・エフィカシーが低いと、自分を守るために、部下を攻撃したり、傲慢《ごうまん》な態度を取ってごまかそうとする。日ごろから、セルフ・エフィカシーを高める努力をするとともに、公式の場でも、自分の間違いを率直に認める努力をしておいたほうがいい。

は、人間の善・悪とは無関係なのだ。時と場所を選ばず、誰に対しても感じの悪い人は珍しいし、反対に、ずっと感じの良い人も稀《まれ》である。

感じの良さや悪さは、その人の持って生まれた資質よりも、人と人が出会った社会的な状況のほうが、影響が大きいのだ。

ビジネスの重大な場面では双方の利害が対立することが多い。

たとえば、昇給の原資が限られているなかで、部下の業績を評価する上司と、評価される部下との社会的な状況は、かなり緊迫している。プロ野球の年俸交渉は、ビジネスマンの業績評価の本質をより鮮明に拡大したものだ。年俸交渉に立ち会った人に話を聞いたことがあるが、球団社長の選手を見下した態度にカチンときて、「それじゃ、もう話すことはありません」と席を蹴《け》って退室する選手も少なくないようだ。

選手を見下すかわりに、球団社長が選手の人間として、プロとしての尊厳を尊重しつつ、厳しい交渉に臨んだほうが、はるかに双方にとって有益な話し合いになると思われるのだが……。

ビジネスで困るのは、対立関係にある社会的状況のもとでは、威圧的な言動をしたほうが効果的であると信じている人がいることだ。脅迫まがいの言動をとる人や、相手の弱みに付け込む人は、そのような自分の言動によって、相手の気持ちを閉ざし、反発心を生み、結果的にとぼしい成果しか得られないことに気付けない。

残念なことだが、その類《たぐい》の人がこの本を手に取ることがないのが、心理学の知見である。いま、この本を読んでいる人の九九%は、対立関係にある社会的状況にあっても、人間の生命を育《はぐく》み、人間としての尊厳を守ろうとする人であろう。

その人たちに向けて、第二章では、具体的な事例を挙げて、感じの悪い人について迫っていきたい。もしかすると、読者のなかでも、日頃から感じていたことかもしれない。

飛行機のビジネスクラスの客の感じの悪さについてだ。

第二章　ビジネスクラスの客はなぜ感じが悪いのか？

ファーストクラスよりも感じが悪い

航空会社では周知の事実で、客室乗務員の書いた本でもよく取り上げられる話題の一つに、ファーストクラスの乗客の感じの良さと、ビジネスクラスの乗客の感じの悪さがある。私自身はもっぱらエコノミークラスに乗っているので、両方とも縁遠い話なのだが、感じの良さと感じの悪さの違いを考えるには格好のテーマと思い、事情をよく知る人たちにヒアリングをした。

その結果判明したことは、ファーストクラスでも感じの悪い乗客がいるし、常習犯的なヘビークレーマーもいるが、感じの悪い乗客の数はビジネスクラスのほうが多いということだ。噂は確かなようである。「確かなようだ」と歯切れが悪いのは、広範囲の調査に基づくデータが取れないためだ。

エコノミークラスでも、感じの悪い乗客はいるが、ビジネスクラスと異質な感じの悪さがあるという。そこで、ファーストクラス、ビジネスクラス、エコノミークラス、それぞれの感じの悪さを、ヒアリングの結果から比較してみたい。

まずは、ファーストクラスから。ファーストクラスは、ビジネスクラスと比較して、クレームが少ない。これは、サービスの手厚さの違いが大きな要因だろう。

手元の資料によれば、航空会社や機種によって若干の違いはあるが、ファーストクラスでは、客室乗務員一人当たりの乗客数は約四・八人、ビジネスクラスでは一二・七人、エコノミークラスでは四二・九人である。

客室乗務員一人当たりの乗客数が少ないほど手厚いサービスが行われると仮定した場合、ファーストクラスはビジネスクラスの約二・六倍、エコノミークラスの約八・九倍、サービスが手厚くなっている。

つまり、ファーストクラスの乗客の性格やコミュニケーション能力に関係なく、客室乗務員が感じ良く接することができる環境にあるといえるだろう。

感じ良く接することができる社会的な状況とは、言葉を換えれば、双方に心の余裕が十分にあるということだ。ファーストクラスの乗客の多くは功成《こうな》り名を遂げた成功者で、経済的にも、精神的にも余裕がある。客室乗務員側も世話をする乗客の数が少なく、気持ちに余裕がある。ファーストクラスの乗客が感じが良いのは当たり前なのだ。

ファーストクラスのクレームが少ないもう一つの大きな要因は、ひたすら眠る乗客の割合が多いことも考えられる。

自腹を切ってファーストクラスに乗れる人は少ない。たいていは公費出張だ。ビジネスマンでファーストクラスに乗る日本人の海外出張日程は、ホテルでゆっくりくつろぐなどの贅《ぜい》沢《たく》は許されない。日本で仕事をしているときでも十分な睡眠時間はない。飛行機で睡眠をとり、走り回るエネルギーを蓄積しなければならない。豪華な機内食もそこそこにして、すぐに眠り込み、到着直前に目を覚ます。

これでは、客室乗務員に感じ悪く接しようと思っても、接触時間が極めて短いため無理である（ただし、これについては、ビジネスクラスのビジネスマンも、個人旅行の乗客に比べて体力温存タイプが多く、よく眠るので、睡眠説は説得力が弱いともいえる）。

「マクベス型感じの悪さ」とは

では、そんなファーストクラスでの感じの悪い客とはどういう人たちのことか。

ファーストクラスで感じの悪い客の特徴の一つは、「マクベス型感じの悪さ」と、私が名付けているものだ。

シェイクスピアの名作『マクベス』で、主人公のマクベスは、魔女の予言を聞き、自分の主君を殺そうとする。マクベスは、本来は立派な将軍で、主君を殺すことをためらう。しかし、マクベス夫人が、夫が国王になることを願って、夫をそそのかして、主君殺しを実行させるのだ。

マクベスは、いわば、妻のファーストレディ願望に付き合わされる形で、悪に引き込まれていくのだが、ファーストクラスで感じの悪い客に、マクベスとよく似た現象が見られる。

二つの実例を挙げたい。

私の知人が、空港のファーストクラスの受付で、大声で怒鳴っている男性を見かけた。何かトラブルがあったようで、その男性は大声で航空会社の社員を罵倒《ばとう》している。よく見ると、その男性はテレビで物腰の柔らかさで人気のあるニュースキャスターだった。そばに夫人らしき人もいた。

「俺は○×放送局の△□だ」

日ごろテレビで見るソフトな態度とまるで違った言動。現場を目《ま》の当たりにした私の知人は、ショックを受けた。

私が注目しているのは、「俺は○×放送局の△□だ」という言葉である。彼ほどの有名人になれば、そんな名乗りを上げなくても、航空会社の社員は客の素姓《すじょう》はわかっていたはずだ。そんななか、なぜそのような言葉が出てきてしまったのだろうか。

私は、その言葉は、傍《かたわ》らにいた夫人らしき女性に向かって発せられたのではないかと見ている。その女性が、ファーストレディ願望があり、自分が超一流の人間であることを示すために、夫が出世するよう暗にプレッシャーをかけていれば、夫のほうは絶えず、自分が超一流人間であることを夫人に示さなければならない。

航空会社の受付で、自分のメンツにかかわるようなトラブルが夫人の前で起きれば、マクベス型の彼にしてみれば、張り切らざるを得なかっただろう。

もう一つの実例は、明確に夫人を同伴させていた有名な政治家の話だ。ファーストクラスの座席が一列目でなく二列目であったことで、その政治家が怒り出した。そのとき夫人まで一緒になってクレームをつけた。ここに、ファーストレディ願望の凄まじさが感じられる。

いわば、夫人に視点を合わせれば、他人のふんどしで相撲を取るようなもので、配偶者の夫がいくら偉くなっても、自分の本当の欲求は満たされることはない。

そのことに気付いていれば、夫の出世と自分の人生を切り離すことができたし、夫の政治家も、夫人を気にして、たかが座席が二列目だからといって目くじらを立てることもなかったはずだ。

ファーストクラスの客の感じの悪さは、言葉を換えれば、配偶者の自己実現に関わりが深い、といったケースが多いようである。

ビジネスクラスのクレームの特徴

次に、ビジネスクラスだ。

ビジネスクラスは、エコノミークラスと比較すると、サービスの手厚さは三・四倍であり、ファーストクラスとビジネスクラスのサービス格差よりも大きい。サービスが手薄になるとクレームが増えて、その結果、感じの悪い乗客が増えるという仮説が正しいとすれば、エコノミークラスの乗客は、ビジネスクラスよりも感じの悪い乗客が多いはずである。

ところが、関係者からそのような話は出てこなかった。ビジネスクラスの乗客の感じの悪さは、サービスの手厚さの差では説明できない。

ヒアリングによれば、ビジネスクラスでは、理不尽《りふじん》とも思える要求を突き付けて、客室乗務員を困らせることが多いらしい。これらの乗客に共通する心理的な特徴は、昔、日本の国民的歌手であった三波春夫《みなみはるお》氏がいって流行語になった「お客様は神様です」という意識だ。客は売り手よりも常に上位にいるというタテ意識が母体になり、お金を払えば、乗客はどんな要求でもまかり通るという、世界的に見れば非常識な考え方に発展した可能性が高い。

感じの悪い外国人乗客ももちろんいるが、こちらは人種差別的な感じの悪さがあると関係者はいう。人種差別は上下関係のタテ意識というよりは、同類の範囲に含めるか、含めないかの分類意識のほうが強いだろう。

日本人のビジネスマンの場合は、社会的ステータスの上下関係を過度に押し付ける感じの悪さが目立つという。そのような感じの悪い乗客は、ビジネスクラスに多い傾向があるようだ。

ここに彼らの感じの悪さの根源がある。ビジネスクラスに乗るビジネスマンは、中間管理職の上位クラスに位置している人が多い。出世競争でしのぎを削り、上下関係に神経をすり減らしている人たちである。やっとここまで出世したという優越感と、まだ上にトップ層がいるという劣等感が混じり合った気持ち、いつかは這《は》い上がったポジションから転がり落ちるかもしれないという不安が心のどこかにある。

このような中間層はたいへん不安定で、しんどいポジションだ。トップは良い意味で突き抜けているし、底辺は居直ったり諦めている。

エーリッヒ・フロムは名著『自由からの逃走』で、ナチスを支持した社会階級は中間階級が多かったという興味深い分析をしている。世界恐慌で下層階級に没落することを恐れた中間階級が、過激な主張をするヒトラー支持に走ったとフロムは指摘しているのだ。

学生時代を思い出していただきたい。どこの学校でも、飛び抜けた秀才がいるものだが、そういう秀才は、成績順位をあまり気にしていない。成績順位に一喜一憂するのは、トップから少し下の層である。常に下位を低迷する生徒は諦めるか、成績で生徒を評価する学校制度の仕組みそのものを無視しようとする。

ビジネスクラスの話に戻そう。具体的な例を一つ挙げると、食事の際に感じの悪さが出るという。

国際線の食事は日本食と洋食の二種類が準備されているが、日本人乗客が多いと日本食が足りないときがある。エコノミークラスの日本人乗客は残っている食事で我慢するが、ビジネスクラスではこれが大きなクレームになる。「高い料金を払っているのに、希望する食事も食べられないのか」と怒鳴りつける乗客が登場する。

他の例も挙げよう。日本の航空会社だと、ビジネスクラスにはスリッパが用意されている。しかし、外国の航空会社の場合は、スリッパではなく、ソックスが用意されている場合がある。この場合もむくれて、何が何でもスリッパを出せと、客室乗務員にきつい言葉を浴びせる。

この点、ファーストクラスの乗客はどうか。彼らは客室乗務員が対応できることと対応できないことを知っている。

たとえば機種によっては無線ＬＡＮが装備されていないものがある。ファーストクラスの乗客は、説明をきちんとすれば、「ないものはないのだから仕方がないですね」とにこやかに納得するが、ビジネスクラスでは、「高い金を払って、無線ＬＡＮも使えないのか。一体、お前の会社はサービスというものを何と心得ているのか」と説教が始まる。

彼は、会社のタテ関係に敏感になっているので、そのタテ意識をそのまま機内に持ち込んでしまっているのだ。

社会的状況とコミュニケーション

むろん、ビジネスクラスで、感じ悪く振る舞うビジネスマンが、ビジネスや日常生活で感じ悪い言動をしていることはない。もしそんなことをしていたら、ビジネスクラスに会社の費用で乗れるポジションにまで昇進できない。

ビジネスクラスで感じの悪いビジネスマンは、社会的な状況を読み違えているのか、それともコミュニケーションの使い分けができないかだ。

ドイツに生まれ、のちにアメリカで活躍した社会心理学者のクルト・レヴィンは、人間の行動を、「接近」と「回避」の二つに大別して考察した。生物学においても、細菌などの原始的な生物でも、栄養源に接近し、有害物質を回避する傾向が見られるので、接近と回避は、人間のみならず、生物全般に適応できるだろう。

レヴィンの考えを参考に、社会的な状況を仲良くする状況（接近）と対立する状況（回避）に分けてみよう。

たとえば、結婚の申し込みにOKしようとしているカップルは仲良くする状況であり、離婚話が進んでいるカップルは対立する状況にある。コミュニケーションも二つに大別できる。相手と仲良くするためのF（FriendlyのF）型コミュニケーション、相手と対立して説

表2　社会的状況とコミュニケーションスタイルとの関係

	仲良くする状況（接近）	対立する状況（回避）
F型コミュニケーション（仲良くなるためのコミュニケーション）	①感じが良い	②感じが悪い。相手に不信感や不快感を抱かせる
C型コミュニケーション（対立して説得するためのコミュニケーション）	③感じが悪い。空気が読めない人だとか、非常識な人だと思われる	④コミュニケーション能力を開発すれば、むしろ感じが良い

得または屈服させるためのC（ConfrontのC）型コミュニケーションである。仲良くする状況ではF型コミュニケーションが適切であり、対立する状況ではC型コミュニケーションが適切である。

この組み合わせを間違えると、とたんに感じが悪くなってしまうのだ。

たとえば、結婚の申し込みをするとき、「あなたと結婚したい。しかし、食事のあと、爪楊枝《つまようじ》を使うとオバサン臭くなるのでやめてほしい」といえば、せっかくのプロポーズも拒否されるリスクが大きくなってしまう（大阪では、仲良し状況で、あえてC型コミュニケーションを使ってウケを狙うことがあるが）。

一方、対立する状況でF型コミュニケーションを使うのも考えものだ。自分の不倫が原因で妻から三行半《みくだりはん》を突き付けられた夫が、「新婚のときのお互いの気持ちを思い出し、もう一度やり直そうよ」と愛想笑いをしながらいえば、火に油を注ぐことになってしまう。

社会的な状況とコミュニケーションスタイルの組み合わせは表2のように四通り考えられる。

感じが良いのは、状況とコミュニケーションスタイルの組み合わせが合致した①と④である。ただし、④はコミュニケーション能力が低いと感じが悪くなる、という条件が付いてしまうことも注意すべきだ（この点はあとで詳しく述べる）。

優秀なビジネスマンが陥る罠

では、ビジネスクラスの感じの悪い乗客を表2に当てはめてみるとどうか。ここでは、③に該当する。

喧嘩をするために飛行機に乗る人は、病的なクレーマーか、テロリストくらいだろう。乗客、客室乗務員双方とも、仲良く快適に旅をしたいと望んでいる。基本的には社会的な関係の流れからいえば、航空機のなかは仲良くする状況にある。

ところが乗客が不愉快に思う出来事があり、感じの悪い乗客がC型コミュニケーションを使い始めたのに対して、客室乗務員は懸命にF型コミュニケーションを使って乗客の感情をなだめようとする。ここに乖離《かいり》が生まれてしまい、お互いに感じが悪いと思ってしまうのだ。

では、なぜビジネスマンが、感じの悪い乗客に変貌《へんぼう》してしまうのか。これは、通常のビジネスでは、仲良くする状況よりも、対立する状況のほうがはるかに多いことに起因している。

たとえば、社内での人事評価や、社外との価格交渉を考えれば、対立する要素のほうが、仲良くする要素よりも多いことがわかる。ビジネスマンは対立する状況に慣れすぎてしまっているのだ。そのため、ちょっと気に入らないことがあると、すぐに対立モードに頭が切り替わってしまう。

おまけに、普段の仕事では、限られた時間と費用と人間で、テキパキ仕事をこなさなくてはならず、上意下達《じょういかたつ》式のC型コミュニケーションを使い慣れている。一瞬でC型コミュニケーションに切り替わる心理的な準備ができてしまっているからこそ、飛行機のなかで感じの悪い乗客になってしまうのだ。

「乗客と客室乗務員もビジネスの付き合いなのだから対立状況にあるのではないか」

そう反論する人もいるかもしれない。しかし、対立状況は航空チケットを買うまでであり、そのあとは仲良くする状況に入る。

航空会社だけでなく、高級レストラン業界、高級ホテル業界、ブライダル業界はすべて同じである。これらの業界は、お客が王様やお姫様、あるいはハリウッドスターになったような錯覚を演出することで成り立っている商売である。

その意味では、江戸時代の吉原や島原の遊郭《ゆうかく》に似ている。吉原や島原では、町人であっても、金を払えば大名気分を味わえる仕組みになっていた。世俗の身分やシガラミを持ち込むのは、野暮《やぼ》なことだった。

ビジネスクラスに乗れるビジネスマンは、企業のなかでは上位のポジションにいて、部下を持ち、命令することに慣れている。部下を厳しく叱りつけても反論されることは少ない。ましてや航空機では、「お客様は神様」なのだから、客室乗務員から手酷《てひど》い反撃に遭う恐れはないと安心しきっている。

しかし、企業内での自分の地位をそのまま機内に持ち込むのは、大きな間違いだ。乗客と客室乗務員は対等であって、地位の上下はない。

あなたが、知らぬ間に感じの悪い人にならないためにはどうすべきか。それには、航空機、ホテル、レストランといったところでは、「仲良くする状況」を楽しむことに努め、F型のコミュニケーションを取ることを心掛けるべきだ。

たとえサービスが満足できないときも、F型コミュニケーションの範囲で良いサービスを要求したほうが、旅行も、宿泊も、料理も楽しめるはずだ。

「直面する社会的な状況とコミュニケーションスタイルの組み合わせを間違えると、感じが悪くなる」——これが**「感じの悪さの第一法則」**だ。

クレームが伝染する座席とは

では、エコノミークラスの感じの悪い乗客はどうか。

ヒアリングをしたときに、もっとも衝撃を受けたある男性の乗客の話をしたい。ご存じのようにエコノミークラスは、狭い場所にたくさんの乗客が押し込められている。最近は共同運航が普通で、昔のように空席がいっぱい残っていることもない。

そんな満員の状態で、病人が発生したときの話である。

客室乗務員たちが、苦労してスペースを作り、病人を寝かせたら、近くに座っていた男性の乗客が、「邪魔なんだよ」といって、横たわっている病人の足を蹴飛ばしたというのだ。

ビジネスクラスは、一人一人の乗客が横になれるので、この種のトラブルはない。私は、これを聞いて、寒々しいものを感じた。そして、いくつかの例を分析した結果、エコノミークラスでのクレームは、孤独が関係しているものが多いようだ。

孤独がクレームを引き起こしている疑いがあることがわかる、もう一つの実例を挙げてみよう。エコノミークラスには、ツアー客が多い。たいていのツアーは何の問題も起こさないが、クレームの常連者がツアーに加わっているときは大変である。

というのも、一人のクレーマー的な言動がツアー全体に伝染し、そのツアーグループからのクレームが増える傾向があるからだ。

このクレームが伝染する現象は、エコノミークラス特有の現象だという。ビジネスクラスやファーストクラスでは見られない。私が聞いた実例で、印象に残った女性の話をしよう。

彼女は六〇歳を超えているが、いつも一人でツアーに参加している。家族関係は不明だが、配偶者や子どもと一緒に参加している姿を見た客室乗務員はいない。ちなみに、クレーマー的な乗客情報は、非公式に、すべてのクラスを対象に、客室乗務員の間で共有されている。反対に、感じの良い乗客情報は、ファーストクラスに限って共有されている。

彼女が持ち出す難題は、その都度《つど》違うのだが、共通点があった。自分が旅慣れていることを、他のツアー客にアピールすることだ。

旅慣れているのなら、個人旅行も選択肢として考えられるのだが、彼女はかたくななまでにツアー旅行に参加した。その日のクレームは、「機内のビデオで観ることができる映画は、すべて自分が観たものなので、もっと多様なプログラムを提供してほしい」というクレームだった。

このクレームで彼女が力点を置いているのは、「機内で観る映画をすべて観るくらい、自分は頻繁に海外旅行に行っている」事実を、他のツアー客に知ってもらうことだ。「多様なプログラムを提供するように航空会社に対応してほしい」ことが真意ではない。

彼女がクレームを言い出してしばらくすると、そのツアーに参加している通路側のある乗客が、案の定《じょう》、「眠りたいので、窓側に座っている人に窓を閉めてもらうように伝えてほしい」と言い始めた。ところが窓側に座っている乗客は、「窓のブラインドを閉めると息が詰まるので、閉めるのは嫌だ」と騒ぎ始めた。

私は、このケースにも、孤独の深さを感じた。おそらく、彼女がどういう人間であるのかを主張できる場は、ツアー旅行だけなのではないだろうか。

もし彼女に配偶者や友人がいれば、同乗することもあるはずだ。同乗していれば、「そんな無理なことをいうのはやめなさい。客室乗務員の人が困っておられるじゃないか」くらいの口添えをするだろう（むろん、同伴している配偶者が、マクベス型でなければだが）。

夫婦そろって感じの悪いクレーマーというケースはほとんどない。一方の配偶者の感じが悪いと、他方の配偶者は、「すみません。普段は良い人なんですけれどね」などとフォローをしてくれるものだ。

もし彼女に配偶者や子どもがいるにもかかわらず、彼女が一人でいつもツアー旅行に参加しているとすれば、孤独はより深刻なものかもしれない。なぜならば、彼女には家庭に自分の居所が見つからない可能性があるからだ。

このように、クレーマーのクレーマーたるゆえんは、問題解決志向でないことである。あるいは本当の問題が何なのかに自分自身が気付いていないことだ。

サービスや商品の品質が悪く、クレームをいうケースは誰しもあるだろう。自分自身がクレーマーか、クレーマーでないかの自己判定は、「①自分は何を問題と考えているのかが明確であるかどうか」「②現実的な問題解決方法を相手に提示しているかどうか」の二点だ。

毎日違うプログラムを航空会社が提供しても、先の乗客は他の問題点を探し出し、自分がいかに旅慣れているかをアピールするだろう。

孤独から生まれたクレーマーの問題を考えたとき、**「適切な自己開示をしなかったり、自分の本当の意図を隠したまま、偽の意図を相手に伝えたとき、感じが悪くなる」**という、**「感じの悪さの第二法則」**に行きつく。

この老婦人が、客室乗務員に、正直に「私は寂しいのよ」と冗談まじりにでも自己開示していたら、客室乗務員は彼女のことを感じが悪いとは思わなかっただろう。

同調性と孤独の関係

クレームが、同じツアー旅行のグループ内で伝染するという現象は、人間の同調性（グループの規範や考え方に従おうとする人間の心理的傾向）に関係している。先述したフィリップ・ジンバルドが行ったスタンフォード監獄実験（ＳＰＥ）でも、看守の役割を与えられた実験参加者が、他の看守役たちに引きずられて同調したことが、囚人役虐待の一つの原因とされた。

もっと身近な事例を使って説明すると、学校のいじめだ。これは、同調性が悪く作用する好例である。

いじめは、いじめる者といじめられる者との人数比は、複数：一である。一：一で起きることはめったにないし、一人のいじめる人間が、複数の人間をいじめることは考えられない。おそらく、この場合は、いじめる者といじめられる者との関係が逆転するはずだ。

いじめに加わる子どもの大半は、いじめが良くないことを知りながら、いじめの呼びかけに同調してしまう。リーダーの権威に従う側面もあるが、いじめの場合は、いじめに加わらなかったら仲間外れにされ、逆にいじめの対象になるかもしれないという恐怖心が大きな影響を与えている。

人間は社会的動物だ。狩猟をするときも、複数の人間が共同で行ったほうが成功する確率が高い。農業となれば、単独で農地を耕し灌漑《かんがい》設備を整えることは不可能で、社会的関係が必要となる。

仲間外れにされることは、食物を手に入れること、そして自分や家族の安全を守ることが難しくなることを指す。配偶者に出会える機会も減り、自分のDNAを後世に残すことすら難しくなってしまう。原始的な社会では、仲間外れは死を意味したのだ。

仲間外れにされないために、メンバーの意向や期待に沿った行動や考え方をする必要があり、同調性は社会で生きていくうえで、欠かせない心理特性である。

同調性は、協調性と重なる部分が多い。ビジネスやスポーツで、チームワークを考えると き、同調性と協調性の間に明確な線引きをすることは不可能だ。同調性も、他の心理特性と同様に個人差があり、同調性が高い人と低い人がいると考えられる。

個人旅行ではなく、ツアー旅行を選択する人は、同調性が高い傾向があり、余計、クレームの伝染力が強いのかもしれない。

同調性が生まれる心理的な土台が、仲間外れの恐怖だとすれば、孤独への恐怖や不安が土台になっている、と言い換えることもできるだろう。クレームを引き起こす人も、クレームに同調して自分もクレーマーになる人も、やはり「孤独」というキーワードで結ばれていると考えられはしまいか。

偽の意図を伝える人の感じの悪さ

ここで、「感じの悪さの第二法則」の、「適切な自己開示をしなかったり、自分の本当の意図を隠したまま、偽の意図を相手に伝えたとき、感じが悪くなる」ことを予防する方法について考えてみたい。

悪徳商法で有名になった豊田商事のように、最初から騙して金を巻き上げようとたくらんでいる人は、範囲外である。ここでは、善意を持ちながら、結果的に、偽の意図を相手に伝えることを予防することに的を絞ろう。

この種のトラブルは二つに分けて考えねばならない。

一つは、重要でないと判断したことを相手に伝えなかったことが原因になって、あとで大きなトラブルに発展するケースである。もう一つは、自分の本当の意図がわからないまま、顧客、上司、同僚などとコミュニケーションをしているケースだ。

私自身が体験した一つ目のケースは、ビジネスの場面ではなかったが、切実な問題なので、ご紹介したい。

一〇年くらい前のことである。私が住んでいる近くに、国による生物学の先端研究所の建設計画が持ち上がり、住民への説明会が開かれた。

専門家と紹介された人が、いかに安全な研究所であるかを力説したが、説明を聴いても、素人の私たちにはよくわからない。「研究したウィルスが研究所外に漏れたらどうなるのですか」とか、「大きな地震で建物が倒壊したら、どうなるのですか」などの質問が住民側から出てきた。

それに対して、専門家は、そのような事態の予防策を説明し、最後に、それを超えた最悪の事態が起きる確率がゼロに近いのだから、心配に及ばないと請け合った。そのうえで、確率はゼロではないから、絶対に起きないと断言はできない、ということも付け加えた。

しかし、ゼロに限りなく近いから、それに対する対処方法を考える必要がないと判断しているのか、それとも絶対にゼロとはいえない以上、想定外のことが起きたときの対処方法(何が起きるのかがわからないのだから、そのような対処方法はないというのが論理的には正しいのだが)を一応想定しているのかについての説明は、省略されていた。

あの専門家は、確率がゼロに近い想定外の事故への対処方法は重要でないと判断し、住民側に説明しなかったのだろう。東京電力福島第一原発事故が起きたいま、不測の事態について無用な心配をしないでください、という説明だけで済ますことはできない。原発建設も、私が経験したような説明会が何度も開かれ、専門家は想定外の事故の重要性を認めず、説明をしなかったのではなかろうか。

説明会の場では感じは悪くなかったかもしれないが、いまとなると、住民の多くは、安全性を強調した人たちを許せないと思っているだろう。ビジネスでは、もっと短いサイクルでトラブルが起きるので、説明した当人が感じの悪い人という烙印《らくいん》を押されてしまう。

ビジネスの交渉でも、重要度が低いと判断したことは、「あとで資料をお読みください」といって済ませたりする。すべてのことをくどくど説明すると、かえって顧客に迷惑になることがあるからだ。

こういうケースでは、些細《ささい》なことでも、顧客に不利になったり、損害を与えるなどのリスクは、すべて重要度が高いと判断すべきだ。私は営業に行くと、自分の失敗例を中心に提案するようにしている。

最近は病院でも、検査をしたり、手術をする前に、失敗する確率を説明し、患者の同意を求めることが多くなった。顧客が負うことになるリスクを先に説明したら、営業にならないのではないかと疑問に思う人がいて当然だが、優秀な営業マンほど、事前にリスクを顧客に説明している。

次に、「自分の本当の意図がよくわからない」ために、結果的に、偽の意図を伝えることを防ぐにはどうすればいいのかだ。

普段から率直に意見を述べるように心掛けるのは、意外と思えるくらい効果がある。最初はビジネスの場面でなくてもいい。レストランで自分の本当に食べたいものを注文するとか、本当に行きたいところに旅行するといったことを心掛けると、自分の本当の意図を見つけやすくなる。

常にベストのものを選択する習慣付けも効果がある。最初からベターな選択をしたり、自分のやりたいことに関して妥協をする癖を付けると、本当の意図が見えなくなってしまう。自分をごまかさない生き方をすることがおすすめだ。

本当の意図がわからなくなる人には、「こんなことをいっても通らないだろう」と勝手に予想してしまう傾向がある。

たとえば、クライアント企業にプレゼンテーションをするとき、「本当は一〇〇〇万円で買ってもらいたいけれど、その値段ではとうてい無理だから、七〇〇万円で見積もりをしよう」と考えてしまう。

もし七〇〇万円で受注すれば、その仕事が終わるまで不満を持ったままなので、後述する自称「営業の神様」のように、「この程度の金額しかもらえないのだから、適当に仕事をすれば良い」という発想に結び付きかねない。失注《しっちゅう》の恐れを強く感じたり、顧客から拒否される不安があると、本当の意図を無意識に隠してしまう。

このような人は、自分自身の価値を低く見積もっている、つまり、心理学の用語でいえば、セルフ・エスティームの低い人が多い。セルフ・エスティームが低い人は、自分はベストのものを手に入れるほどの価値はないと思い込んでいる。

セルフ・エスティームを高くすることは容易ではないが、まずその第一歩は、「自分はベストのものを選ぶ権利がある。だからベストのものを欲しがっても良い」という考え方をするように努力することだ。

もちろん、人生で常にベストのものが手に入るとは限らない。手に入らないと見極めてから、ベターのものを手に入れようと努力すれば良い。

最初から諦める癖を付けると、自分が本当にしたいことや、本当の目標がわからなくなる。本当の意図を隠し、偽の意図を伝える人の感じの悪さは、卑屈《ひくつ》さのようなものを感じさせてしまうこともあるので、注意が必要だ。

サービス業の三つのプロセス

ここまで、航空会社で起きているクレームの題材を中心に、感じの悪い人になる二つの法則、「感じの悪さの第一法則：直面する社会的な状況とコミュニケーションスタイルの組み合わせを間違えると感じが悪くなる」と、「感じの悪さの第二法則：適切な自己開示をしなかったり、自分の本当の意図を隠したまま、偽の意図を相手に伝えたとき、感じが悪くなる」を説明した。

しかし、法則よりも読者が知りたいことは、「客としての正当な要求をきちんと伝え、感じの良い客になるにはどうすればいいか」という具体的な処方箋《しょほうせん》かもしれない。自分が客であるときくらいは気ままに振る舞いたいと思う人もいるかもしれないが、自分の要求を相手に受け入れてもらうためには、「感じの良さ」があったほうが得である。

とくに、サービス業においては断言できる。客室乗務員でもホテルマンでも、感じの良い客だと、無理な要求でも満足してもらえるようにベストを尽くそうとするが、感じの悪い客にはそこまでやりたがらない。

会社と会社が取引をする場合、注文側の感じが良いからといって、納入側は商品の質を高くしたり、安くすることはないので、「感じの良い注文主（クライアント）」という考えは生まれにくいかもしれない。

しかし、長期的な取引を望むなら、注文主の感じが良いと、営業マンは電話や訪問をしやすくなるので、良い情報をいち早く伝えてくれるだろうし、欠品しそうになれば、早目に手当てをしてくれることも期待できる。

では、感じの良い客になるためにはどうすべきだろうか。

第一に、相手との交渉や付き合いが行われる状況を読み間違えないことだ。航空会社やホテルなどでは、社会的な状況を基準にしたとき、サービスのプロセスが次の三つに分かれている。

①対立する状況が主であるプロセス
↓
②仲良くする状況が主であるプロセス
↓
③対立する状況が主であるプロセス

航空会社を例に取ろう。チケットの購入からチェックインまでが、①の対立するプロセスである。

ツアー客の場合を考えてほしい。彼らはこのプロセスを体験しない。ビジネスクラスを利用するビジネスマンも会社がチケットを購入してくれるので、同様だ。

この二者のクレームが多いのは、①のプロセスを経ていないことが関係しているだろう。ちなみに、エコノミークラスやビジネスクラスで、個人旅行の客からのクレームが少ないのは、客がこのプロセスを経ていて、チケット価格とサービスレベルの質について合意しているからともいえる。

飛行機に乗ると、②の「仲良くする状況」に入る。ここを対決する状況と思い込むと、「野暮な客」へと豹変《ひょうへん》してしまう危険がある。

客室乗務員が口を揃えるのは、ファーストクラス（とくに大企業の企業経営者）のクレームのつけかたのうまさである。

企業経営者は、組織ごとの機能や責任範囲を熟知していて、現場で解決できる問題であれば客室乗務員に自分の要求を伝えるが、そうでないと判断したら、「あなた方、現場の人たちが対応できない問題だね。帰国したら会社のしかるべき部署に伝えます。もちろん現場で一所懸命仕事をしている皆さんの悪口にならないようにします。そうすれば、あなたの会社が良くなるし、皆さんも働きやすくなる」と、F型コミュニケーションを駆使する。

仲良くする状況から外れないため、一瞬にして客室乗務員はその客のファンになる。

このことからもわかるが、感じの良い客は、飛行機を降りたら、対立する状況に戻ることを知っている。この点はエコノミークラスでも変わらない。

「もっと多様なプログラムを」とクレームをつけた老婦人の例でいえば、映画などのエンターテインメントの種類を増やすべきだという要求は、客室乗務員ではなく、その航空会社のカスタマーサービス部門に伝えるべきクレームなのだ。

「営業の神様」の間違い

サービス業以外のビジネスでは、「仲良くする状況」と「対立する状況」が時間経過の順番には起きず、混在している。基本は「対立する状況」で、ときどき「仲良くする状況」が顔を出す程度と考えたほうが良い。そのことを理解しないで失敗する好例が、「安請け合い営業マン」である。

昔、「営業の神様」と自称する人と仕事をしたことがある。たしかに注文はよく取ってくるのだが、受注後のトラブルが多かった。

最初に火の手が上がるのが、受注した仕事をやる現場である。「こんな仕事を受注したやつは誰だ。俺たちに赤字を押し付けやがって。やってられるか！」という声が上がる。彼は現場に走り、「わかってるよ。こんな金額でやれるはずがないよね。適当にやってくれていいんだから」となだめすかす。しぶしぶ現場の人間が動き始める。

次の火の手は当然、発注側に上がる。彼はただちに発注主のところへ走る。「下請けが動いてくれないんです。現場を任せたのですが、信頼を裏切られました。今度は腹をすえてやります」など適当なことを伝え、その場を言い逃れる。

あっちこっち走り回っているうちに、彼は姿をくらまし、他の人間が火消し役に回ることが繰り返された。

そう、彼は、F型コミュニケーションしか使えない人だった。F型コミュニケーションを使えば、対立する状況が仲良くする状況に変化すると信じていたのだ。

笑顔トレーニング的なコミュニケーション研修も同じ間違いを犯している。明るく挨拶《あいさつ》をしようとか、落ち込んでいる同僚には声を掛けようとか、それ自体は悪い研修ではないのだが、対立する状況を解決する効能はない。

カンカンに腹を立てている顧客に明るく挨拶したら、怒鳴られることもある。そうかといってあまり萎縮《いしゅく》していると、かえって顧客をイライラさせてしまう。私たちは社会的な状況をコントロールすることはできない。社会的な状況は相手のある話だからである。

私たちができることは、状況を正しく読み取り、状況に適したコミュニケーションのやり方を選び、それを実行することだ。それには、前提条件がある。F型コミュニケーションとC型コミュニケーションの両方を使い分ける能力があることだ。

ビジネスでは、F型コミュニケーションよりも、C型コミュニケーションの開発を優先すべきだ。なぜならば、F型コミュニケーションが有効な、仲良くする状況は、もともと対立する要素が少ないので、コミュニケーション能力が少々まずくとも何とかなる状況である。

クライアント企業の新社屋の完成記念パーティに出席するときは、笑顔で、「このたびはおめでとうございます」と挨拶をして、あとは晴れ晴れとした表情でパーティ会場を回っていたら良い。

しかし、クライアント企業が倒産しそうだという情報を聞き、債権保全をするために相手の会社に乗り込んだときは、へらへら笑ってはいられない。支払い期日を早めてもらう、取引額を減らす、貸付金の回収を急ぐなど、やらねばならないことが山積している。

私の仕事の一つに人材育成があるが、F型コミュニケーションのトレーニングをほとんどせず、もっぱらC型コミュニケーションのトレーニングに力を入れている。

対立する状況下で、交渉相手には「敵ながらあっぱれだ。もう一度あの人に会いたい」と思ってもらえる、あるいは「あの上司は厳しかったけれど、もう一度あの人と一緒に仕事がしたい」と思ってもらえるようにするために、C型コミュニケーション能力を習得してもらっている。

第三章　お人好しな上司はなぜ部下に嫌われるのか？

人柄の良し悪しはどこで決まるのか

人柄が良いか悪いかを、私たちはどのようにして決めているのだろうか。

私たちがこれまでに仕事を一緒にした人を思い浮かべてほしい。評価をするとき、心理的な距離があったほうが良いので、現在、仕事を一緒にしている人は除外していただきたい。少なくとも一年以上前までに、仕事をともにした人、すなわち、職場の上司や同僚、取引先の人、プロジェクトメンバーなどを思い出してみよう。

そのなかで、もう一度会いたい人を一名、二度と会いたくない人を一名、それぞれ選び、七八〜七九ページの表3－1の質問事項に答えていただきたい。

総計はどうなったか。二度と会いたくない人のスコアのほうが、もう一度会いたい人よりも高くなっているだろう。もう一度会いたい人のスコアが高くなっていたら、その人かあなた自身が非常に個性的な人であり、対人関係の意識が平均的ではない可能性が高い。

心の病に人格障害という病気がある。過度に攻撃的であったり、反社会的な行動をする傾向が強かったり、過度に引っ込み思案だったりで、円滑な人間関係が営めない人がこの病気にかかっている可能性が高い。

人柄（日常的には人格と置き換えてもさほど間違いではないだろう）が悪いと思われる人

は、人格障害の症状によく似た言動をする人と考えて、このアセスメントの質問を作成した。

次に質問群別のスコアを見てほしい。スコアの差が大きい質問群は、あなたが人柄が良いか悪いかを決めるときに、重視している要素である。人格障害のなかでも、過度に引っ込み思案であるなど、攻撃性の少ない言動は、周囲の人に「二度と会いたくない」と思わせることはあまりないと考え、除外している。

A群は、人間不信の強さ、B群は反社会的な傾向の強さ、C群は頑固で自己中心的な傾向の強さを評価している。

あなたのスコア差を比較してほしい。もし、A群のスコア差がもっとも大きければ、あなたは人を信頼できるかできないかによって、人柄が良いか悪いかを決める傾向があると考えている。B群であれば、反社会的な行動を取る人を、C群であれば、自己中心的な人を感じが悪いと思う傾向が強いだろう。

あなたの価値観がその基準に影響を与えているのだ。人柄が良いか悪いかは、評価の対象となっている人の人格的特徴だけでなく、評価者の主観も関係している。

このアセスメントは何をもって、人柄が良く、他人に良い感じを与えるのかを考えるときの手掛かりになるとともに、まったく別の見方がある。

質問群C　○もう一度会いたい人について回答してください

質　　　問	回　答
細部にまで指示をして、それ以外のやり方を認めなかった	
一つのステップを完璧にやり遂げるまで、次のステップに進まないので、仕事の期限に間に合わないことが多かった	
過重な仕事をやらせて、潰される部下や後輩が多かった	
自分の価値観や考え方を押し付けるので、周囲の人は息がつまりそうだった	
部下や後輩に仕事を任せられなかった	
合計	

●二度と会いたくない人について回答してください

質　　　問	回　答
細部にまで指示をして、それ以外のやり方を認めなかった	
一つのステップを完璧にやり遂げるまで、次のステップに進まないので、仕事の期限に間に合わないことが多かった	
過重な仕事をやらせて、潰される部下や後輩が多かった	
自分の価値観や考え方を押し付けるので、周囲の人は息がつまりそうだった	
部下や後輩に仕事を任せられなかった	
合計	

3つの質問群のそれぞれの合計点を集計表に記入し、二度と会いたくない人のスコアからもう一度会いたい人のスコアを引いていただきたい。

集計表

質問群	①二度と会いたくない人	②もう一度会いたい人	①－② 差
A			
B			
C			
総計			

＊上記の自己アセスメントはDSV-Ⅱに基づいて筆者が作成。元の質問をビジネス現場用に変えてあるが、質問内容は変わらないように作成した。

表3－1 人柄の良し悪しを、どこで決めるのか？

まったく当てはまらない	0点	少し当てはまる	3点
ほとんど当てはまらない	1点	かなり当てはまる	4点
少し当てはまらない	2点	たいへん当てはまる	5点

質問群A ○もう一度会いたい人について回答してください

質問	回答
十分な根拠がないにもかかわらず、周囲の人の言動を疑っていた	
心を開いて話をすることがなかった	
他人の意見をネガティブにとらえる傾向が強かった	
自分に反対した人をいつまでも許そうとしなかった	
失敗をした人や弱い立場の人には冷たいところがあった	
合計	

●二度と会いたくない人について回答してください

質問	回答
十分な根拠がないにもかかわらず、周囲の人の言動を疑っていた	
心を開いて話をすることがなかった	
他人の意見をネガティブにとらえる傾向が強かった	
自分に反対した人をいつまでも許そうとしなかった	
失敗をした人や弱い立場の人には冷たいところがあった	
合計	

質問群B ○もう一度会いたい人について回答してください

質問	回答
普通の人に比べて、嘘をつくことが多かった	
怒り出すと自分をコントロールすることができなくなった	
計画性がなく、思い付きで行動をした	
部下や後輩に失敗の責任を押し付けた	
公私混同が多かった	
合計	

●二度と会いたくない人について回答してください

質問	回答
普通の人に比べて、嘘をつくことが多かった	
怒り出すと自分をコントロールすることができなくなった	
計画性がなく、思い付きで行動をした	
部下や後輩に失敗の責任を押し付けた	
公私混同が多かった	
合計	

私たちは、自分の短所を、他人が持っていると思い込む投影と呼ばれる心理機能を持っている。たとえば、「あの人はけちん坊だ」と非難している本人がけちであったりするのが、投影の実例だ。

あなたのA群のスコア差が最大であれば、あなた自身、人間不信の傾向があり、無意識にそのことを嫌だと思っている可能性がある。他人は自分を映す鏡であると古来からいわれているが、心理学的にも根拠がある。

もしかしたら、あなたが二度と会いたくないと思っている人間は、あなた自身なのかもしれない。そう肝《きも》に銘じておこう。

人柄と能力は関係するのか

ビジネスやスポーツの現場で人柄と並んで気になる人の特性が能力だ。では、人柄と能力には関係があるのだろうか。人柄と能力の二つの軸を使って、あなたがこれまで出会った人を四分類してほしい（図3－2）。

IからⅣまで、どの領域にも該当する人がいたら、人柄と能力は無関係と考えていることがわかる。もし、Iの領域（人柄が良く、能力も高い人）とⅢの領域（人柄が悪く、能力も低い）にしか当てはまる人を思い付かないとき、人柄と能力に強い関係があると考えている

図3－2　人柄と能力の関係

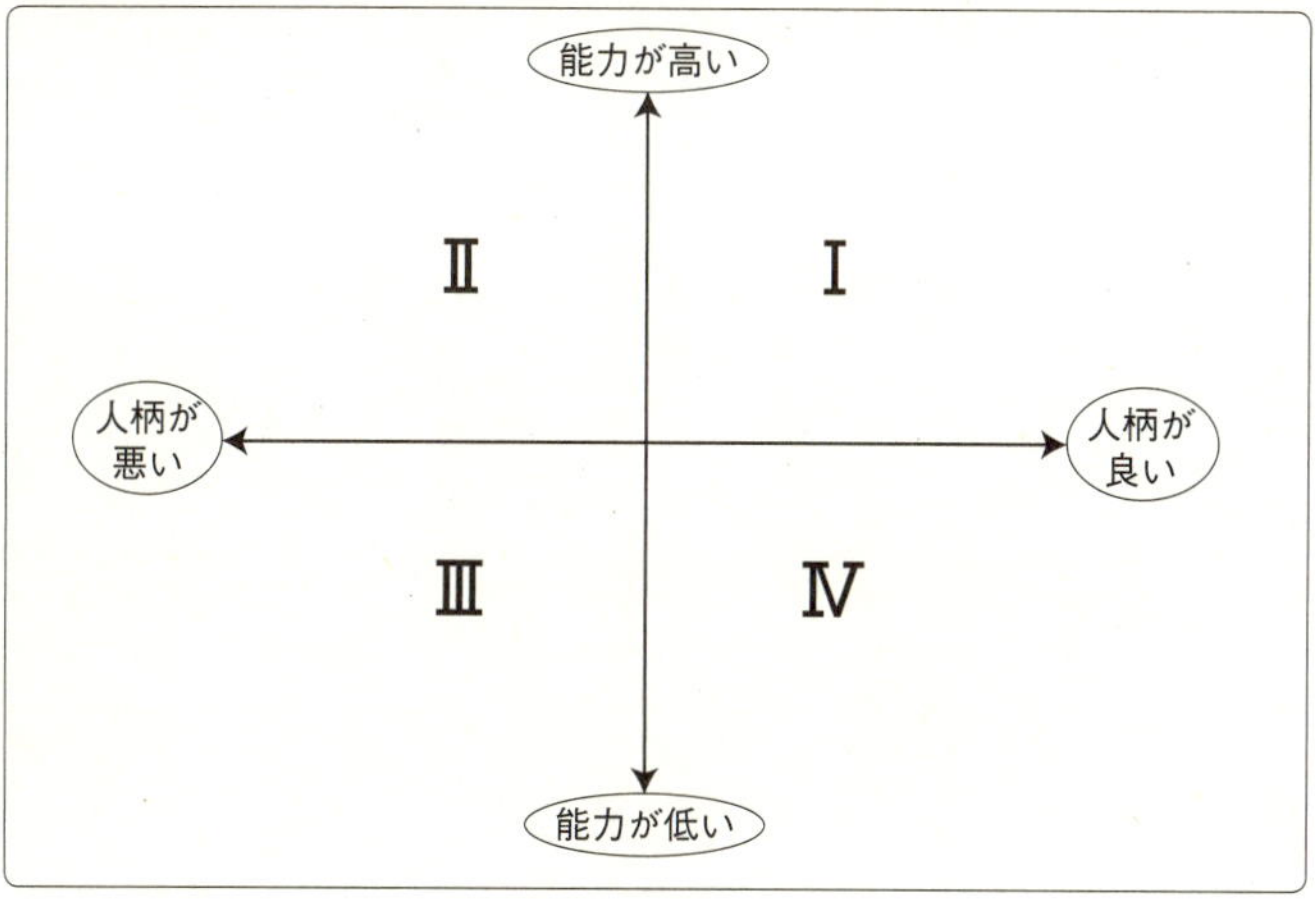

図3－3　人格と能力の関係（『関ヶ原』）

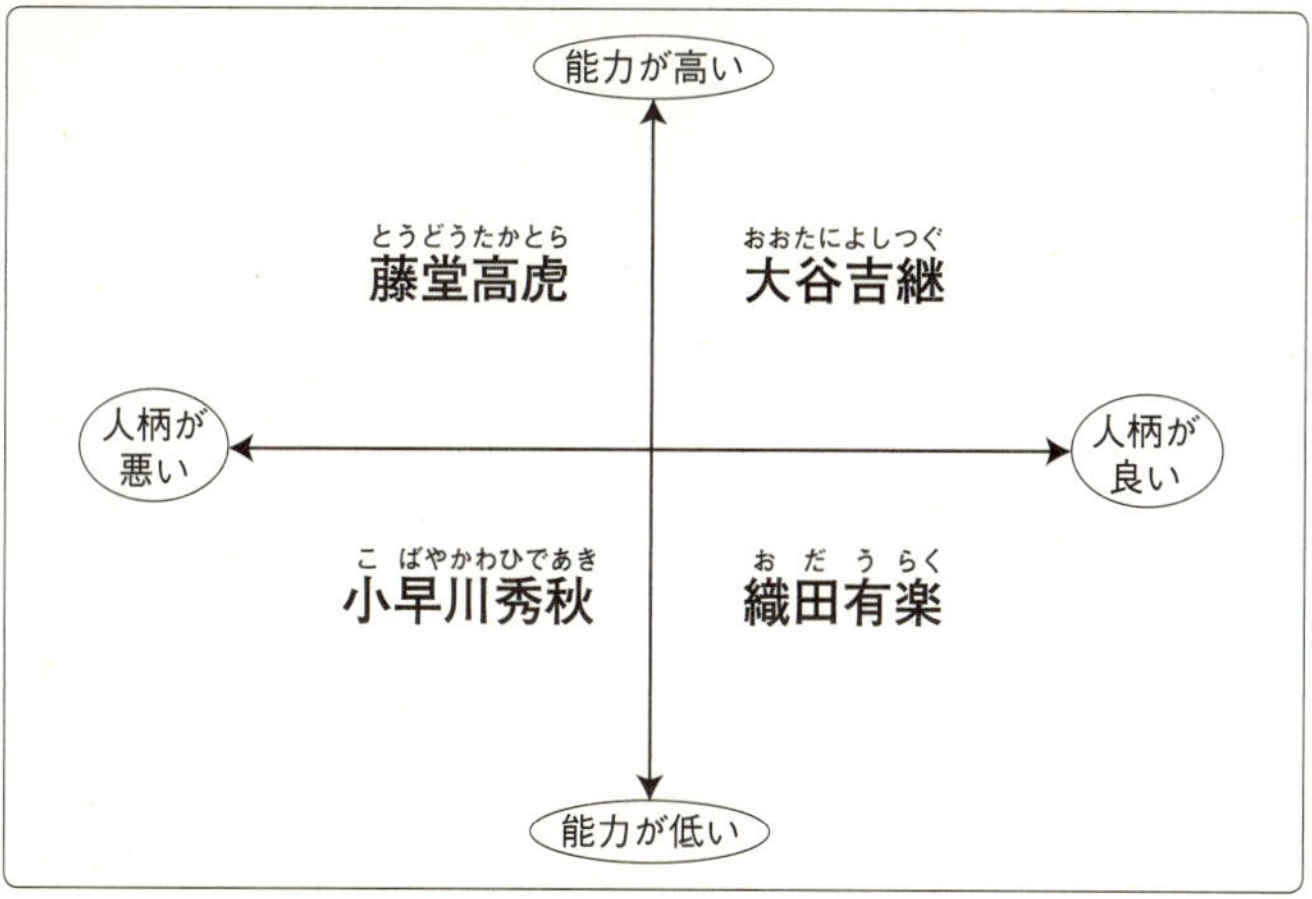

のだろう。

司馬遼太郎《しばりょうたろう》の『関ヶ原』にはさまざまな歴史上の人物が登場するので、司馬が考えた人物像に従って分類してみた。

前頁の図3-3を見ていただきたい。能力があるかどうかは、関ヶ原の戦いで見事な戦いぶりをした人は能力が高いと評価した。人柄は人間不信の強さ、反社会的な傾向、頑固で自己中心的な傾向の三要素に従って評価した。

主人公である石田《いしだ》三成《みつなり》や徳川《とくがわ》家康《いえやす》はⅠとⅡの両方の領域にまたがっていると司馬は考えたようだ。このあたりが彼の小説の面白さだ。家康も三成も、個人的にはⅠの領域に属した人と思われるが、リーダーは、ときには権謀術数《けんぼうじゅつすう》を駆使せねばならず、敵方の人間にとっては許しがたい人間に思えたに違いない。

それに、リーダーは対立関係にある状況のなかで部下や味方と出会うことが多い。そのような社会的な状況においては、個人的な性格や資質にかかわらず、リーダーは「人が悪い」と見なされるリスクを常に背負っている。

『関ヶ原』の登場人物が四分類できることから考えて、司馬遼太郎は人柄と能力は無関係と見なしていたのではないだろうか。

私自身も、ビジネスマンとしてずば抜けていたが、異性関係は不道徳そのものだったという人をすぐに思い出すことができる。なお、領域Ⅱの人を思い浮かべることが比較的容易なのは、ビジネスの現場は対立関係にある状況が多いからだ。

一緒に仕事をしたくないお人好し

ビジネスマンの大部分は、人を信頼し、社会的に望ましい言動や考え方を身に付け、寛容であれば、良い印象を周囲の人に与えることくらいはわかっている。それにもかかわらず、かなりの頻度で感じの悪い人に出会う理由は、ビジネスが過酷な戦いの場であって、そこでは対立関係にある社会的状況が頻繁に生まれるからだ。

ビジネスマンが責任ある立場に立たされたら、職場の人間が不正を働いていないか、自分の部下が裏切り行為を犯していないか、常に気を配っていないと思わぬところで足をすくわれてしまう。現に私は、部下の使い込みで、キャリアを棒に振った銀行の支店長に会ったことがある。

部下の失敗をときには激しく叱責しなければならない。自分の指示した通りしてもらわないと大事故に繋がる仕事も多々ある。ビジネスの現場では、私たちは、「二度とあいつの顔を見たくない」と思われるような行動をせざるを得ないケースも多いのだ。

一方、世間で「お人好し」といわれる人はどうだろうか。

先ほどの表では、第Ⅳ領域に位置する人たちだ。ビジネスの現場は、対立関係にある社会的状況が連続するので、人柄が良いだけでは対応できないのは当然である。

番頭役の人間が会社の莫大《ばくだい》な金を使い込んでいることが見抜けなかったり、友人の借金の保証人になったり、取引先に騙されたりして倒産した経営者を、数多く見聞きしてきた。そういう目にあった社長は、例外がないといって良いほど、人柄は文句なしだ。

困っている人がいると必ずサポートをしていたし、従業員がサボっていてもクビにしなかった。人の嫌がることを強制した場面も見たことがない。こういう社長とは二度と顔を見たくないどころか、また会って談笑したいと思っている。

しかし、一緒にビジネスをしたいとは思わない——。

そこで考えてみてほしい。あなたの上司が第Ⅲ領域（人柄が悪く能力も低い）の場合と、第Ⅳ領域（人柄が良く能力が低い）の場合と、どちらが好ましいだろうか？　両方とも能力が低いのだから、せめて人柄だけでも良いほうがましだと思う人もいるだろう。私はどちらもごめんだが、どうしても選べといわれたら、第Ⅲ領域の上司を選ぶ。

その理由を心理学の視点で説明をしたい。

人柄が悪い上司より嫌われるわけ

期待したことと実際に起きたこととの食い違いが大きいほど、はじめに期待していたのと反対の感情をより強く感じるという研究結果がある。

たとえば、子どもにサンタさんは来ないよとがっかりさせておいて、クリスマスの当日、子どもが欲しがっていたプレゼントを枕元に置いておけば、目を覚ました子どもは悲しみと反対の喜びをより強く感じるだろう。いわゆるサプライズは、この人間心理がポジティブに働く実例である。

それを踏まえて、お人好しの上司が部下から嫌われることについて考えてみるとわかりやすい。

お人好しの上司は、日ごろ部下に嫌なことをいわないし、無理な仕事を頼むことは極めて少ない。急に残業を命ずる代わりに、自分が居残って部下のために仕事をする人もいる。

しかし、昇給のための人事考課の季節が訪れると、とたんに困ったことになる。お人好しの上司は、全員に良い評価を付けたがるからだ。すると、すぐに人事課からクレームがくる。

「あなたの部署の昇給額が多すぎる。会社全体の昇給額が限られているのだから、もっと削減してください。それに、人事考課で全員がプラスというのもおかしい。考課が甘すぎます」

お人好しの上司は、やむなく人事課に指示された方向で昇給額の差を付けることになる。最悪のケースでは、お人好しの上司は、「昇給に期待してほしい。よく頑張ったのだから、その苦労には十分報いるつもりだ」と空手形を乱発していることまである。

他のメンバーよりも昇給額が少ないメンバーは、その事実を知ったとき、「あいつは口ではうまいことといっているが、まったく当てにならない」といって、上司不信に陥《おちい》ってしまう。

その点、人柄が悪い上司であれば、最初から部下は期待していない。期待と実態の差が少ないから、部下のほうも、「あの上司もいつまでもいるわけじゃない。もう少しの辛抱《しんぼう》だ」と腹をくくっていて、お人好し上司ほど感情が大きく動かない。

こういったことから、お人好し上司のほうが部下に嫌われやすいのだ。

お人好し上司の危険性

しかも、お人好し上司が部下に嫌われるリスクは近年高まっている。理由は、朝令「朝」改といわれるくらいビジネス界の変化が激しくなったことだ。

プロジェクトの解散や方針変更は日常茶飯事《さはんじ》である。お人好し上司は部下を信じて仕事を任せるのだが、丸投げに近いことをやってしまう。「君を信じて、この仕事を任せる。失敗したときは僕が責任を取るから」と、上司が請け合って仕事が始まる。

任せてもらった部下のほうでは、一体何をやって良いのか見当もつかない状態で放り出され、四苦八苦してようやく仕事が前に進み出したとき、突然、上司がやってきて、「ごめん、このプロジェクトはなくなった」と頭を下げられて、おしまい。

現代のビジネス現場で、中間管理職が約束を守れることはごくわずかだ。約束を守れない状況のほうが普通である。

善意から出た約束でも守りきれない。お人好し上司は本人の意向に関係なく、どんどん嘘をつく羽目《はめ》に陥る。

こうなれば、約束を平気で踏みにじる人柄の悪い上司のほうが、最初からその覚悟で付き合うから、部下の心的被害も少ない。

お人好し上司は自分の善意を前提に人も評価するので、善意には善意で応えてくれると信じている。自分が下した判断が間違ったとき、部下にはわかってもらえるという意識が残っている。それゆえ、頭を下げておしまいになりがちだ。

お人好しの上司は部下がやりたいようにさせてくれ、自分の価値観を押し付けることはないようだが、「善意があれば何ごとも最後にはうまくいく」という価値観をぐいぐいと押し付けてくる。

結果的には、人柄が悪い上司と同じである。

私は、能力がなく、人柄の悪い上司の下にいたことはないが、若いころある企業の下請けをしていたとき、親会社の担当者のYさんが典型的なこのタイプだった。

Yさんの部下からはYさんの悪口しか聞いたことがなかった。私も若かったので、Yさんの人柄の悪さには気付いていたものの、能力のない人だったので、見くびっていた。Yさんのいうことは誰も信じないだろうと思っていたのだ。

しかし、Yさんがいう私の悪口を、その上司が信じてしまっていた。この上司は、能力があって人柄が悪い人（第Ⅱ領域）だったので、私がその業界を追い出されてしまった。

Yさんが私に与えた教訓は強烈だった。人柄が悪いと害毒を目に見える形で垂れ流すので、印象が強烈で、得た教訓を忘れることはない。

それと比較して、能力が低く、人柄が良い上司は、ぬるま湯につかっているような気分に部下もなり、学ぶことが少ないのではないだろうか。

第四章　犯人が落ちる刑事の条件とは何か？

感じの悪い笑顔とは

第二章で「感じの悪さの第一法則：直面する社会的な状況と、コミュニケーションスタイルの組み合わせを間違えると、感じが悪くなる」を説明したが、さらに具体的に説明したい。

まず、以下の二人の間で交わされる言葉を見てもらいたい。

「あなたは私を裏切ったので我慢ができない」（C型コミュニケーション）
「今日は天気が良くて気持ちが良いね」（F型コミュニケーション）

これらの言葉と具体的な社会的状況を組み合わせたのが表4－1である。

ⅠとⅣはその場での発言として違和感を覚えないが、ⅡとⅢはその場には似合わない発言である。Ⅱなど、相手の気持ちを逆なでして、かえって険悪な雰囲気になるリスクがある。

社会的状況とコミュニケーションスタイルが一致しないと、相手の人に「感じの悪い人」だと思われてしまう。コミュニケーションスタイルそのものに、感じを良くする効果が含まれているわけではないことをご理解いただけると思う。

表4－1　社会的状況とコミュニケーションスタイルの具体的な組み合わせ

	仲良くする状況：結婚披露宴で並んで座った小学校時代の２人の元クラスメート	対立する状況：離婚係争の席上のカップル
今日は天気が良くて気持ちが良いね（Ｆ型コミュニケーション）	Ⅰ感じが良い	Ⅱ相手に不信感や不快感を抱かせたり、いらだたせる
あなたは私を裏切ったので我慢ができない（Ｃ型コミュニケーション）	Ⅲ感じが悪い（小学校時代のいさかいを一方の人が思い出してむし返したという想定）	Ⅳコミュニケーション能力を開発すれば、係争解決には効果的

第二章でも説明したように、笑顔セミナー的なアプローチは、決して万能ではなく、その効果は限定的だ。笑顔は表４－１でいうと、Ｉの領域でしか有効ではない。

笑顔セミナーで、笑ってはいけない社会的状況をわざわざ教えられることはない。そのようなことは常識であるという前提でプログラムが作られている。

皮肉なことに、笑顔セミナー的なアプローチをする講師が、ビジネス上で大きなトラブルを引き起こして、相手と交渉する現場に居合わせたことがある。その講師は、対決の席上で、いかにも相手の人と親しそうに笑顔で挨拶をしたり、自分が発言をするたびに、クスッと笑ったりした。交渉相手は、「この人は本当に自分のやったことを反省しているのか」とか、「なぜそこでごまかそうと愛想笑いをするのだ」と思って、どんどん態度を硬化させた。

このように、社会的な状況にそぐわない笑顔は、感じの悪い印象を作り出してしまうので要注意だ。

この本で取り扱うのは、主としてⅣの領域である。なぜなら、ビジネスでは、圧倒的に対立関係にある社会的状況が多いからだ。

ビジネスでは、個人は競争の場で仕事をする。職場の同僚といえども、競争相手だ。同じ職場なら利害が同じこともあるが、重要な部分、たとえば昇給や昇進などでは、限られたポジションや原資の取り合いになる。まして、ライバル会社同士で受注競争をしたり、債権を回収するようなケースでは、利害は相反する。

ビジネスで成功した人の自伝を読むと、その多くは挫折経験があり、失敗を教訓にビジネスマンとして成長したことが書かれている。Ⅳの領域にうまく適応できた人が、日本経済新聞で「私の履歴書」を書ける最低の資格を手に入れるのではないだろうか。

再び、まえがきで書いた悪家老の話に戻りたい。いま思えば、悪家老はあの状況で、正しいコミュニケーションスタイルを選択していたのだ。

会社設立以来の最高益を上げた経営者が突然解任され、私たち会社幹部の大部分は、新たな株主のやり方に納得がいかなかった。相当身構えて、株主側との会議に臨んだ。

社会的状況は、不信、不安、怒り、嫌悪などの感情が渦巻き、完全に対立関係にあるようなものだった。悪家老は笑顔もなく、眼光するどく、私たちに接していた。そして極め付きというべき、脅迫的発言をした。

悪家老は当時の状況を正しく認識していたし、笑顔セミナー的な講師と違い、場違いなF型コミュニケーションも取らなかった。しかしながら、「ものすごく感じが悪い」とその場にいた人に思わせてしまった。これは、なぜなのだろうか？

私はその解答を得ようと研究を開始したが、幸いなことに先行研究があった。感情労働という考え方を提唱したアメリカの心理学者アーリー・ホックシールドの著書『管理される心』に、感情労働の一つとして、債権回収をする人たちがどのような感情を感じているかについての研究結果が記載されていたのだ。この研究がヒントを与えてくれた。

債権回収の仕事では、債権者と債務者は、対立する社会的状況のなかで出会う。債権回収の仕事をしている人のなかで、抜群の成果を上げていて、しかも債務者から「あの人にもう一度会いたい」と思わせるような人にインタビューをすれば、きっと有益な情報を得ることができるだろう。

そのような人たちに共通する考え方や行動がわかれば、対立する社会的状況のなかで仕事をしても、きちんと成果を上げ、「あの人にもう一度会いたい」と思わせるノウハウがわかるだろうと考えた。

しかし、この研究では債権回収だけだったが、対立する社会的状況で人間が出会う職業は他にもある。弁護士、刑事、従業員を解雇するときの人事部長、会社再建のために徹底的なリストラをやり遂げた経営者など、インタビューする範囲はどんどん広がった。

ただ、残念ながら、学術的な発表ができるような形でデータを収集できなかった。学術的には、感じが良い人と感じが悪い人の両方のデータを取らねばならない。

しかし、感じが悪い人のデータ収集ができない。調査をするとき、調査目的を明確にしなければいけない。感じが悪い人に向かって、「あなたは感じが悪い人なので、データを取らせてほしい」とは、さすがの私もいえなかったからだ。

さらに根本的な問題がある。感じの良い悪いを誰がどのようにして決めるのかだ。三六〇度評価や、ソシオマトリックスが調査手法として考えられるが、「感じが良い人と悪い人の違いを明らかにしたい」という調査目的を明かしたら、おそらく協力してもらえる企業も個人もいない。

そこで、対立する社会的状況で長年仕事をしていて、高い成果を上げている人を推薦してもらった。その推薦された人を感じが良い人と考えることにした。

推薦者は友人の多い、ビジネスでも高い成果を上げている人にお願いした。類は友を呼ぶという言葉があるが、人間は自分とよく似た人を友人に選ぶ傾向がある。私に対して感じの良い知人が推薦した人なのだから、おそらく感じが良い確率が高いだろうと考えた。

感じが良い人の特徴を見出すために、以上のような二重の保険をかけた。

サンプルが偏っていることと、対照群（ここでは感じが悪い人、あるいはどちらでもない人）が設定できなかったことで、本書を読む方々に間違った情報を伝えてはいけないと危惧し、複数のビジネスマンに原稿を読んでもらい、ビジネス界の実態とかけ離れた内容になっていないかをチェックしてもらった。

私は、まず、元刑事の前田《まえだ》一郎《いちろう》さん（仮名）にヒアリングをした。

刑事と犯人の共通目標とは

前田さんは刑事歴三〇年のベテランである。私がヒアリングをしたときは、警察を定年退職し、民間会社の警備担当部長だった。

警察に勤務していない一般人は、自分自身が被疑者にでもならない限り、取調室の実態を体験できない。私も含めたいていの人は刑事ドラマで観るくらいだろう。

やたらと怒鳴りまくるのか、お涙頂戴で迫るのかな、といったお粗末な先入観で私はヒアリングに取り掛かったが、前田さんの話を聴いて、目からうろこが落ちた。

前田さんは、まず自己開示の重要さを語った。「感じの悪さの第二法則：適切な自己開示をしなかったり、自分の本当の意図を隠したまま、偽の意図を相手に伝えたとき、感じが悪くなる」を防ぐのだ。

「犯人は、この人なら自白しても良い、と思わないと自白はしないものだ。そのために取り調べにあたる刑事が、まず自分を出すことが必要である。自分が住んでいる場所、家族、年齢などの話をする。前田という人間が、どのような人間かを相手にわかってもらう。そうしないと犯人は心を開いてくれないものだ」

刑事ドラマで、取り調べの前に刑事が自己紹介をする場面を見た記憶がない。

しかし、よく考えてみると、前田さんの話のほうが理にかなっている。

犯人は、取調室では自分にとって良くないことが起きるだろうと、身も心も硬くしているはずだ。取調室に入ってきて、突然、「証拠は挙がっているぞ！　正直にやったことをいえ」などといわれたら、「こんなわけのわからない人間に正直にいったら、とんでもないことになる」と思って、いっそう口が堅くなるだろう。

前田さんは、私たちが日常生活でやっているような自己紹介をしたわけではないのだろう。彼は、一つ一つの言葉をかみしめるように話す人で、落ち着いて、どちらかというと重厚で、朴訥《ぼくとつ》な印象を与える人だった。

おそらく、ゆっくりと自然に、前田さん自身のことをぽつりぽつり話したに違いない。自分をオープンにする呼吸は、前田さんが長年の経験で身に付けたものだ。

前田さんは、相手によってコミュニケーションの取り方を変えるといっていたので、自分のことを話す話法にいくつかのレパートリーがあると推測できた。

前田さんは、取調室に入る前に、犯人に関する情報をしっかりと仕込み、取調室に入ったとき、犯人の様子をすばやく把握し、仕込んだ情報と現在の犯人の心理状態をすり合わせ、自己開示の戦略を一瞬に決定していたと思われる。

しかし、前田さんは、刑事と犯人という対立する状況下では、自己開示だけでは不十分だと語る。

「自己開示をするのは、徐々に対話の土台を作っていくため。そのときに必要なのは、お互いに共通する目標を探ること。刑事と犯人は、真逆の立場である。しかし、事件に白黒を付けるという共通目標だけは変わらない」

たしかに、事件に白黒を付けなければ、犯人は疑われたままであり、刑事も事件を解決することはできない。前田さんは、犯人との共通目標を作ることから始めた。

そのうえで重要なことは、「なぜ犯行に及んでしまったのか。その背景を十分に調べることだ」と前田さんは語る。そして、前田さんはこのように言い切った。

「その原因こそが、事件の真相になる」

これは、万引きをした子どもにも当てはまる。

万引きをした子どもはその場からすぐにでも逃げ出したいが、捕まえた店は、親が来るまで、待たせなければならない。お互いがお互いを感じが悪いと思っているのは想像に難《かた》くない。ここで、店側が「万引きしたらいけない！」と繰り返し怒鳴っても、子どもは心を閉ざすだけだ。

しかし、「なぜ万引きをしたのか」をお互い探っていくことで、たとえば、「貧困の家庭でお小遣いが貰えないため万引きをしてしまった」とか、「お金はあるが親や友達に構ってもらえない寂しさから犯行に及んでしまった」などの答えが出てくる。

すると、この場合の事件の真相は、「貧困の家庭」や「子どもの寂しさ」になるわけだ。

この万引き事件の真相を探り当てた時点で、万引きをした子どもは店側に申し訳ないと思っているし、店側も万引きをした子どもを一方的に警察に突き出そうとは思わなくなっている。お互いを感じが悪いと思わなくなっているのだ。

ここで、「**感じの悪さの第三法則**」をまとめたい。それは「**対立する社会的状況にあっては、お互いに共通する目標や経験など、対話の土台を作る努力をしないと、感じが悪くなる**」だ。

犯人に「調べてくれ」といわせる

「『いつ調べてくれるのか』『調べてくれ』と相手にいわせる」と前田さんがいったとき、私は「う～ん」とうなってしまった。よくわからないが、前田さんがすごく大切なことをいっていることが直観的に感じられたからだ。

しかし、同時に、「取り調べで犯人は自由を奪われている。一刻も早くそこから解放されたいだろうから、取り調べが長くなることを恐れ、犯人はそんな気になるのかもしれない。これは取調室のなかだけの、特異な心理状態ではないだろうか」と思い、前田さんにそれ以上聞かなかった。

たしかに、犯人が「調べてくれ」と言い始めたら、自白への確実な第一歩である。ただし、そのようなことは可能なのだろうか。そして、そのようなことはビジネスでも起こりうる心理なのだろうか。

ヒアリングを終えて半年ほど、そのことが意識の隅っこに引っかかったままだった。そんなあるとき、譲歩を引き出すことが上手な人がいることに気付いた。そこから前田さんがいったことが理解できた。

ビジネスの交渉で、譲歩してくれといわないのに、「一〇％値引きします」とか、「三日納期を早めます」と、交渉相手にいわせる名人がいる。剣道でいわれているような「後《ご》の先《せん》」というのか、相手に仕掛けさせる呼吸である。

営業マンが、無理やりではなく自分から、「一〇％値引きします」といってしまったとき、営業マンにとってクライアントの印象は悪くない。譲歩を無理なく引き出した交渉相手に対して、「敵ながらあっぱれ」という心理状態に近くなる。

「買ってください」といわないのに、お客さんのほうから「買いたい」といわせる営業マンもいた。私は高松敏雄《たかまつとしお》さんという優秀な営業マンと一緒に仕事をしたことがある。

高松さんは口数が少ない。おまけに、何か言い出そうとすると、「え〜と」といったまま、しばらく間が空く。

お客さんのほうはその間に堪え切れなくなって、「高松さん、私が欲しいのは使いやすい料理器具や」とニーズをべらべらしゃべり始める。こういう問答が続いているうちに、お客さんのほうから、「よっしゃ、買うわ」と言い出す。優秀な営業マンのなかには、けっこう無口な人がいるといわれるが、高松さんはそういう人だった。

刑事の前田さんは、「調べてくれ」と犯人にいわせるノウハウを先輩の刑事から学んだという。前田さんが師匠とあおぐ先輩刑事は、半日でも、取調室で黙ったままだった。犯人のほうがたまりかねて話し始めたそうだ。師匠の持っているムードと、黙ったままでいる感じが実に良い味を醸《かも》し出していたらしい。

自分の持ち味とコミュニケーションのスタイルが一致したほうが良い、と前田さんはいう。そこで前田さんは、ぽつりぽつりと自分を語るノウハウを編み出したのだろう。

このように、自分と相手の間合いを測り、相手に仕掛けさせることが、対立関係にある社会的状況では効果的なのだ。ビジネスでは、たいていは事前に対立する社会的状況で交渉するのか、対立しない社会的状況で交渉するのかは予測できる。対立することが予想されたら、まずは相手にしゃべらせて、相手との間合いを測ることからかかったほうがいい。

そして肝心なところは、相手が譲歩したり、妥協したりするまで、腰をすえて話し合うことだ。

何度も悪い例で登場してもらって申し訳ないのだが、あの悪家老は自分から仕掛けてしまい、墓穴を掘った。「正直いって解任の理由が納得できない。もう一度、客観的な証拠をもとに説明してほしい」という私たち側の発言に対し、「どういうところが納得できないのか、説明してほしい」と切り返せば、自分と相手の間合いを測定する時間を稼ぐことができたし、私たちにあれほど悪い感じを与えなかっただろう。

「**感じの悪さの第四法則**」は、「**対立する社会的状況にあっては、譲歩や屈服を相手に強要すると、感じが悪くなる**」といえるだろう。

犯人に嘘をつかせない技術

「嘘をついたことを許さない。嘘を一度でも認めてしまうと、犯人は嘘を積み重ねることになる。たとえば、『そのとき新宿にいました』といえば、すぐに調べて真偽を確認する。それ以上嘘をつかせないことが大切だ」

前田さんはこういって、取り調べの極意《ごくい》の一つを加えた。

このことは、ビジネスでも、スポーツの選手指導でも、教育でも、たいへん重要な指摘だと思う。取り調べをするほうも嘘をついてはいけないことは当然である。権力を持っていない人が嘘をついても、悪い影響はせいぜい、その人自身か、その人のごく近い周囲の人くらいにしか及ばないが、権力のある人が嘘をつくと、その悪い影響は計り知れないからだ。

犯人は大きな不安を抱えて刑事と対面している。少しでも無実であることを強調したい。そのような心境にあるとき、無意識に嘘をつくかもしれない。「すぐに調べて真偽を確認する」行為はこれに対して効果的だ。

嘘をついたらすぐにわかる仕組みを作っておけば、犯人は嘘をつかずに済むので、結果的には、筋の通った供述ができ、話しやすくなる。

ビジネスでネガティブな社会的状況では、私たちは嘘をつきたくなる誘惑にかられるし、嘘をつくことがある。一度でも嘘をつくと、嘘を積み重ねるリスクがどんどん増える。しかし、対立する状況で交渉しているのだから、嘘が発覚すれば、冗談では済まなくなる。たちまち交渉決裂だ。

仲良くする社会的状況では、嘘も愛敬《あいきょう》で、F型コミュニケーションの一つにもなり得る。しかし、取調室で、「ナイフを手に持っていたら、地震が起きて、相手の腹に突き刺してしまった」などと犯人がいえば、刑事の心証は最悪になるだろう。

対立する社会的状況では、嘘は禁物《きんもつ》だし、双方が嘘をつけない仕組みを交渉の場に構築しないと、交渉の成果は上がらない。

そのために、交渉内容を文章にして双方で確認を取るとか、交渉の場に第三者的な立場の人に同席してもらうなど、さまざまな手立てが講じられる。

前田さんのやり方から学ぶ方法は、すぐに双方が確認できることがらを中心に交渉を進めることだろう。また、時間が経過したり状況が変わると約束が守れなくなるような事項は、約束の有効期限を設定する工夫も必要だ。

私自身は嘘をつかずに済む方法として、大きな事柄を分割して、ちょっとずつ約束するようにしている。たとえば、人材育成の仕事を請け負うときは、一年単位でなく、三ヵ月単位でできる仕事を請け負い、その効果を双方が確認をしたうえで、次の仕事に取り掛かるようにしている。

エグゼクティブ・コーチングでは、コーチである私と、コーチングを受けるエグゼクティブ以外に、コーチングの成果を評価できる人を探して(たいていはコーチングを依頼した企業の人事担当役員やコーチングを受ける人の上司)、コーチングの最後にその人から評価してもらうようにしている。

完全とはいえないが、コーチングが終わったあと、コーチングを受けた人に評価を記入してもらうよりは良い方法だ。

「**感じの悪さの第五法則:対立する社会的状況において、双方が嘘をつけない仕組みを作っておかないと、感じが悪くなるリスクが増える**」は、私の経験則にも当てはまる。

部下に肩をもませる役員の会社は

前田さんは、刑事と犯人が、取調室では対等の立場で接するように心掛けているという。「駄目なときは駄目とはっきり示す。怒るときはきちんと怒る。褒《ほ》めるときは褒める。宿賃を払わない疑いで逮捕されていた暴力団員風の男は、机に足を上げていた。私はその足を思いっきり引きずり降ろした。相手がどんな人間であろうとも、普通の人間として行動させる。大声で脅すことも駄目だ。相手の視線で考えることも大切だ。どんな刑罰が待っていると考えて、どれくらい不安に思っているのかを想像しながら取り調べをしていく。たいていの殺人犯の場合は、自分は死刑になると思っており、取り調べが大変である。そういうときこそ、『前田だったら話せる』と思わせなくてはならない。それには、対等の立場に立たないと、意思疎通はできない。意思の疎通ができて、はじめて自白に至る」

対等の立場に立ち、相手の視線で考えてみることは、取調室のなかだけでなく、日常の社会生活をスムーズに営むための常識だ。対等の立場に立てない人が、相手から感じの悪い人と思われるリスクが高まることは、誰もがわかっているが、実践は意外にも難しい。

心理学の歴史で、もっとも有名な実験の一つが、先述したスタンフォード大学の心理学者フィリップ・ジンバルドを中心に実施されたスタンフォード監獄実験（ＳＰＥ）である。

この実験で重要なポイントは、人間はある状況下に置かれると、残虐な行為を犯すリスクを持ち得るということだ。

取調室のなかでは、調べる刑事と調べられる犯人との関係は、ＳＰＥとは違いリアルであり、密閉性も高い。前田さんのように振る舞うことは相当難しいと考えたほうが良い。

これまで起きた冤罪《えんざい》事件で、容疑者が自白を強要された事実は、前田さんのように行動しない人間が少なからず存在したことを物語っている。

企業においても上司と部下の関係は、権力を持つ側と、服従を強いられる側に分かれており、SPEと似た関係にある。上司は座ったまま、部下の挨拶を受けることができるし、机を叩いて怒鳴りつけることも可能である。

しかし、部下から心服を受けようと思えば、対等の立場に立たねばならないだろう。人の上に立つ人は、肩書と人間の価値は別物であることを、一刻たりとも忘れてはいけない。

二〇年くらい前、新幹線のグリーン車で、若い部下に肩をもませている百貨店の役員を見かけた。それから一〇年くらいして、その百貨店は倒産した。肩書と人間の価値を混同するような役員が、顧客の心を理解することはできないのはいうまでもないだろう。

ビジネスでは、自分の置かれたポジション・パワーが、「感じが悪い人」になる原因となることに注意したほうが良い。さらにポジション・パワーが内なる「悪」を引き出す可能性にも思いを馳《は》せるべきだ。

「感じの悪さの第六法則」はとてもシンプルでわかりやすい。**「社会的状況に関係なく、人間の価値はその肩書で決まると信じている人は、感じが悪い」**。

共感を忘れると感じが悪くなる

前田さんは、犯人が自分から進んで自白するためには、共感することが大切だと考えている。

表4－2　社会的な状況とコミュニケーションスタイルとの関係——ＳＹＡコミュニケーション

	仲良くする状況	対立する状況
Ｆ型コミュニケーション（仲良くなるためのコミュニケーション）	Ⅰ感じが良い	Ⅱ感じが悪い
Ｃ型コミュニケーション（対立して説得するためのコミュニケーション）	Ⅲ感じが悪い	ⅣＳＹＡコミュニケーション能力が必要

「刑事生活で、いちばん印象的だったのは、Ｙ警察署に勤務していたときに出会った暴力団員だ。刺青《いれずみ》の眉毛をしていて、心が荒れていた。取り調べをする刑事たちは皆手を焼いていた。ちょうど冬で寒く、彼は着の身着のままだった。黙ってジャージの上下を差し入れてやると、そのときからがらりと態度が変わった。二年後、別の警察署で勤務していたとき、夜中に他の署から電話があった。聞くと、彼が酒に酔って、『前田を呼べ』と暴れていた。翌朝、釈放されたようで、わざわざ私が勤務する警察署まで訪ねてきた」

対立する社会的状況にあっても、共感は効果的なコミュニケーションである。冤罪事件で長年拘置されていた人が、怒りに声を震わせて、虚偽の自白に自分を追い詰めた検事や刑事のことを、「絶対に許せない」と非難する。取調室に置かれた人間の不安や孤独感にもう少し共感があれば、悲劇を避けることができたはずだ。

「感じの悪さの第七法則」もシンプルだ。**「対立する社会的状況にあって、共感することを忘れると、感じが悪くなる」**。

対立関係にある社会的状況にあっても、「もう一度あの人に会いたい」と相手に思ってもらうためには、「対話の土台を作る」「間合いを取る」「嘘をつかせない」「対等の立場で」「共感」の五つのコツが必要だと前田さんは教えてくれた。

感じの悪さの第一・第二法則と、第四章で出て来た五つの法則を注意することで、私たちは、「SEE YOU AGAIN」コミュニケーション（ＳＹＡコミュニケーション）＝「また会いたい型」コミュニケーションを取ることができる。

前頁の表４－２を見てもらいたい。第Ⅳ領域において、ＳＹＡコミュニケーションをしっかりと取らなければ、社会的な状況とコミュニケーションスタイルが一致していても、「感じが悪い人」になってしまうリスクはなくならないのだ。

第五章では、「借金取り立て屋」について取り上げ、さらにＳＹＡコミュニケーションについて深掘りしていきたい。

第五章　借金取りが「また会いたい」と思わせる手口とは？

債権取り立ての名人たちの金言

若いころ、ローンが支払えなくなった人のところに行って、滞納しているローンを払ってもらう業務をしたことがある。家庭用調理器具の焦げ付き分の取り立てなので、金額はせいぜい五万円まで。たいした金額ではなかった。

しかし、手間暇は三〇〇万円の不渡り手形の取り立てと変わらない。少額のローンを払えない人は、本当にお金がないのか、最初から払う気持ちがなかったかの二種類だ。前者は金銭感覚がない生活破綻タイプ、後者は虚言癖または犯罪的な傾向があるタイプに分類される。

私の取り立て屋の仕事は半年くらいで終わった。そのとき、取り立てたら勝ち、取り立てられなかったら負けが、債権回収の仕事の本質だと思っていた。取り立ての仕事をしたとき、サラリーマン金融会社の経営者から、取り立てのコツを教わった。

「必ず返済させよ。一円でも見逃すと、それが何百万円の不良債権になる。債務者が不在だったら、徹夜しても、その家の前で待て」という教えだった。

私は、債務者の事情などまったく考慮することなく、何度も債務者の家に押しかけて、「払ってくれ、払ってくれ」と言い続けた。私は債務者にとって、ものすごく感じが悪い人間だっただろう。

「払ってくれ、払ってくれ」と催促し続ける行動の裏には、取り立てに成功したら金を貸したほうの勝ちで金を借りたほうが負けという考え方があったと、自分では感じている。それが間違いだということを、債権回収で高い成果を上げたプロから教えてもらった。

この本を書くにあたって、私がヒアリングをお願いした債権回収のプロは、いずれもとても感じの良い人たちで、債権回収の仕事が終わったあとも、債務者と付き合いをするケースが結構あった。彼らは、債権回収という、およそ感じの良さと縁遠い仕事をしながら、「もう一度、あの人に会いたい」と債務者に思わせていたのだ。

債権取り立ての名人たちは、債権回収がビジネスの終わりでなく、開始だという。金言である。

私は、ローンを滞納する人間なんかに二度と会いたくないと思っていたし、交渉相手に人間性を期待していなかった。一方、債権回収のトップクラスは、相手がどのような状況にあるかを、信頼できる資料をもとに、相手の立場に立って冷静に分析する。

債務者によって、債権回収をする状況は次の三つに分かれる。

①債務者に悪意があるとき

②債務者の本業が立ち直らないと判断されるとき
③債務者の本業が立ち直る可能性があるとき

それぞれの債務者の状況別に、債権回収のプロたちがどのように対処しているのかを見てみよう。

相手に悪意があるときには

まずは、①債務者に悪意があるとき。

債務者に悪意があると判断されたら、弁護士と組み、法律で定められた範囲で、債権を回収するのが原則だ。一九九〇年代にバブルがはじけたときは、この手の債務者が多かったそうだ。資産を押さえようとしても、会社には資産がまったく残っておらず、絵画などに姿を変え、隠されていた。

こういう場合、相手が開き直ると、回収できるものもできなくなる。交渉ルートを残しておかねばならないのだ。半分は「脅し」、半分は相手の言い分を聞くという、戦争か平和かの綱渡り的な交渉で、交渉当事者にもっとも必要な能力は、感情をコントロールする能力だ。

一一四ページのグラフ5－1を見ていただきたい。債権回収のプロと、レストランやホテルで高い成果を上げている接客のプロが、仲良くする状況のとき、どれくらい相手に腹を立てているかの基準を一として、対立する状況では、どれくらいの怒りのレベルかを調べた結果だ。

債権回収のプロに比べて、接客のプロは、仲良くする状況と比較して、対立する状況で腹立たしい感情をより強く抱いていることがわかる。

しかし、このグラフだけでは、債権回収のプロが感情をコントロールしようと努力しているかどうかはわからない。債権回収のプロは、もともと感情の安定している人たちで、それゆえ、対立の連続である職業で高い業績を上げたという可能性もあるからだ。

そこで、次頁のグラフ5－2を見ていただこう。これは、仲良くする状況を一としたとき、対立する状況では「相手に対してしばしば恐れを感じる」度合いを表しているが、債権回収のプロも接客のプロも同じような傾向を示している。債権回収のプロは、接客のプロと同じくらい、対立する状況では恐れを抱いているのだ。

つまり、債権回収のプロたちはもともと感情が安定している人たちではなく、対立する状況では、腹立たしさを相手にぶつけないように努力をしていると考えられる。

時代劇で、悪徳商人の使用人が、貧しい善人から借金を取り立てるとき、「娘を遊郭《ゆうかく》に売

グラフ5－1　相手にしばしば腹が立つことがある

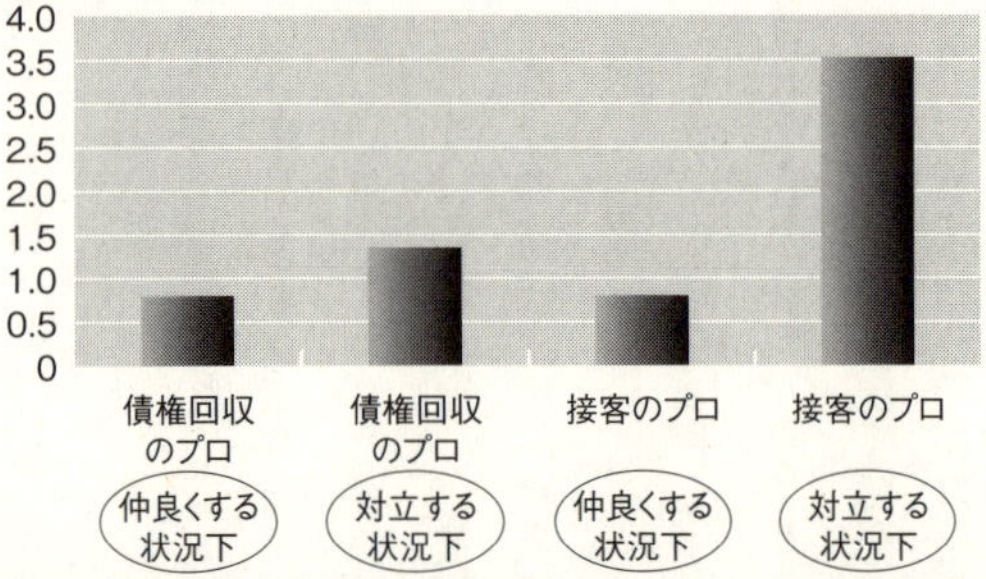

グラフ5－2　相手に対してしばしば恐れを感じる

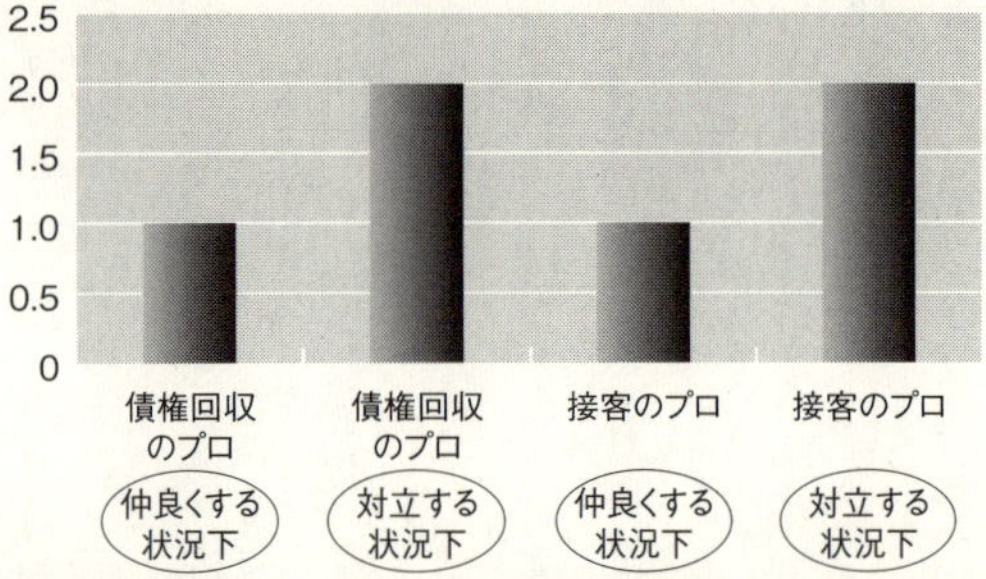

グラフ5－3　相手が恐れを感じるような言動を意図的にすることがある

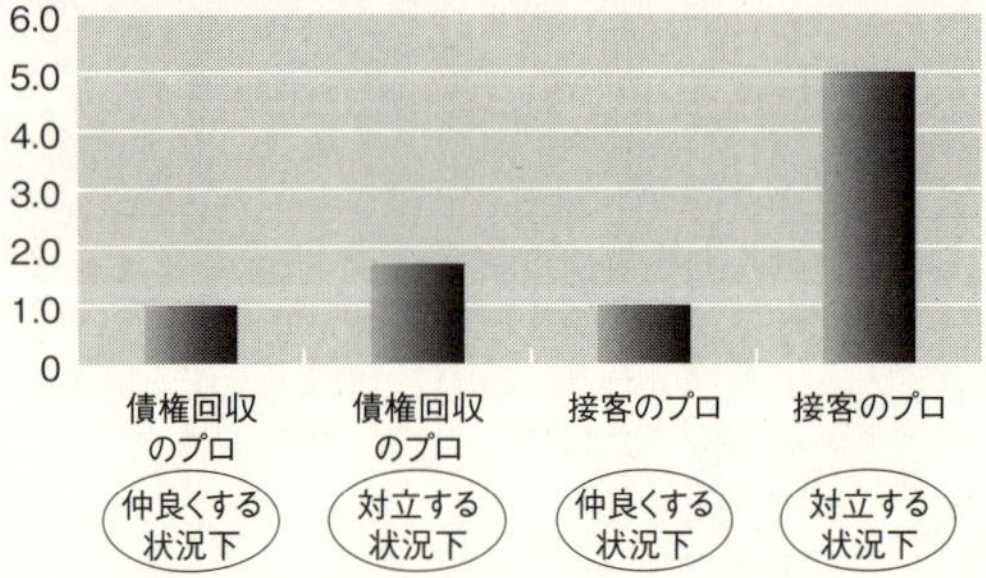

り飛ばすぞ」といってせんべい布団にくるまった病人を脅したり、「オッカアをいじめるな」としがみつく子どもを突き飛ばす場面がよくある。借金の取り立て＝脅し的言動という図式が私たちのなかにあるのだが、本当にそうなのだろうか。

次に見ていただきたいのはグラフ5－3だ。債権回収のプロは、あまり脅迫的な言動をしていないのである。むしろ、日ごろはニコニコと愛想よく接客をしている接客のプロのほうが、対立する状況で、相手が恐れを感じる言動を意図的にしている。

接客業ではF型コミュニケーションに目が行き過ぎて、対立する状況下のコミュニケーションへの意識が低いのではないか。

余談であるが、私はここに、日本のビジネス界、とくにサービス業の人材教育の盲点があると思う。顧客満足度を向上させるために、顧客に対するマナー研修や、対人関係スキルの研修が実施されるが、仲良くする状況を想定したトレーニングの割合が多い。対立する状況でのトレーニングは、傾聴《けいちょう》スキルに比重を置いたクレーム対応トレーニングがあるくらいだ。

私がコールセンターを運営する会社で人材育成担当の執行役員だったときの経験によれば、対立する状況に置かれても高い業績を上げているコミュニケーター（電話で応答する業務に従事する人たち）は、C型コミュニケーションを駆使《くし》していた。

人材育成の統括者として残念だったのが、それらの優れたC型コミュニケーションスキルが、個人のノウハウとして散らばったまま存在し、会社の共有財産になっていなかったことである。

これは、大学などで教えられるディベート術とは違う。C型コミュニケーションは議論の仕方ではなく、ネガティブな状況下であっても相手との信頼関係を強めるための、実践的コミュニケーション能力なのだ。

サービス業には、個人的な暗黙知として、C型コミュニケーションが眠っているはずだ。それを集め、能力開発のプログラムにしていないのは、もったいないではないか。

対立する状況で腹を立てない理由

債権回収のプロたちは、対立する状況下で、交渉相手に対して恐れを抱きながらも、なぜ腹を立てず、脅迫的な言動もしないのだろうか。それに対して接客のプロたちは、対立する状況下で、相手に恐れを抱いている点では債権回収のプロと同じなのだが、なぜ腹を立て、相手が恐れを感じるような言動をしているのだろうか。

実は、接客のプロたちが、対立する状況下で出会う相手は接客の対象となる顧客ではなく、仕入れ先や、出入りの業者、商業施設を開発する不動産会社など、接客以外のビジネスの相手というケースが多い。客であっても、ゆすり、無銭飲食など悪意を持った人をイメージしてこの質問に回答しているのだろう。また社内の他部門との折衝の相手を想定しているのかもしれない。

接客のプロたちが日常の業務で出会う客とは違った相手と、違った状況で出会っていて、対立の着地点は見えないから、極端な行動に走ったのではないだろうか。ホテルやレストランなどの接客業で、客との関係は良好だが、社内のコミュニケーションがうまくいっていないという声も聞く。その理由はC型コミュニケーションに不慣れだからである。

一方で、C型コミュニケーションの達人である債権回収のプロたちは、対立する状況で、腹を立てたり、相手を恐れさせる言動をなぜしないのだろうか。理由は簡単である。そのような言動をしても、対立する相手に効果がないからだ。

小学校や中学校の修学旅行で、就寝後、同級生と騒ぎすぎて、見回りに来た先生に叱られた経験がある人は少なからずいるだろう。そんなとき、見回りの先生が立ち去ると、たいていまた騒ぎ始めてしまう。

叱るという行動は、相手との関係によっては、まったく効果がない。対立する相手に対し腹を立てても、話し合いが前進するわけではない。そのような無用の摩擦《まさつ》を起こすよりも、相手との交渉ルートを残し、相手がこちらと話し合いをしたほうが得だと思うようになるまで待つのが効果的だ。

債権回収のプロは、数多くの体験を積み重ねてこれを学んでいるのである。対立する状況では、考え方や視点は違うし、直面する課題に対する解釈も正反対なのだ。

ちなみに、対立してにっちもさっちもいかなくなったとき、仲良くすれば事態が打破できるのではないか、という幻想を抱く人もある。これに付け込むのが、暴力団関係者の「友だち作戦」である。

組事務所などに呼び付けられ、怖くて縮こまっている素人《しろうと》に対し、なれなれしい態度を取って油断させ、どんどん深みに引きずり込む。カタギの人間は、対立する状況で、悪意のある相手と無理に仲良くしようなどと考えないことだ。

もちろん、喧嘩腰でやって交渉が決裂したら、元も子もない。どんな悪意がある相手であっても、交渉ルートを残しておいて、いざというときは、債権者からの破産申し立てなどの強行突破を、信頼できる弁護士と一緒にやるのが王道だ。

相手の視点に立つと得をする？

続いて、②債務者の本業が立ち直らないと判断されるときだ。

借金の山に苦しむ経営者が、破産申請をしてしまうと、債権回収のプロといえども、手も足も出なくなる。喧嘩腰で相手の会社に乗り込んで、債権回収の強硬手段を取ろうとしたら、相手は恐怖を感じて、破産申請をしたほうがましだと思ってしまう。

最近は、経営危機に陥った会社相手に、どうやって財産保全をしたら良いかの相談にのるコンサルタントもいる。経験がないコンサルタントだと、安易に破産申請を勧める。債権回収をする側に悪意があるときはそのほうが良いかもしれないが、悪意がないときは問題が残る。

債権回収の世界でカリスマ的存在の鈴木次郎《すずきじろう》さん（仮名）には、たいへん悔しい思い出がある。地方のゴルフ場が債務超過に陥ったときのことだ。

その会社はゴルフ場経営が本業だったが、それ以外にもいくつか会社を経営していた。そして、手持ちの資産をうまく売却すれば、借金を全額返済することが可能なうえに、関連会社のなかに事業を継続して収益を上げる企業があることに、鈴木さんは目星を付けていた。

ところが、企業の社長が金融機関に不信感を持ち、鈴木さんに会おうとしない。そして、コンサルタントを称する人物が間に入り、交渉が決裂し、債務者側は法的な手段に訴えた。

こうなると、会社財産は競売にかけられてしまう。競売価格は、普通の売買取引価格よりも安く買い叩かれる。平均すれば六〇％くらいの価格だ。結果的には継続の可能性のあった会社を含むすべての会社が破産した。

世の中のコンサルタントがすべて悪いというわけではない。こういう修羅場《しゅらば》では、経験豊かで誠実なコンサルタントや弁護士が頼りになる。そのようなプロを見分ける眼力を日ごろから養っておく必要があるのだが、たびたび起こることではないため、そんな目を養える機会はそうそうない。

会社が倒産しそうになると、債務者のほうは心理的に追い詰められる。溺れる者は藁《わら》をも摑むことになり、怪しい人物を雇ってしまうリスクが増える。

もう一人の債権回収のプロである村田勉《むらたつとむ》さん（仮名）は、大手都市銀行で債権回収の仕事をしていた。村田さんも、「債務者が破産申請をする前に債権回収をしなくてはならないので、破産申請をするかしないかを、できるだけ早く察知することが勝負である」と指摘する。

事前察知すると、銀行本店と協議し対策を練る。村田さんが仕《つか》えた回収チームのボスは、「三途《さんず》の川を渡るところまで見届けてやれ」と村田さんを指導したそうだ。債務者が、返済するため一所懸命に努力をしてきた経営者であれば、最後に従業員の給与分くらいは融資する。

この三途の川の渡し賃を融資すると、債務者である社長は銀行に好意的になり、破産申請を思いとどまることを、村田さんは実務経験を通して学んだのだ。

図5－4　債権回収の極大化プロセス

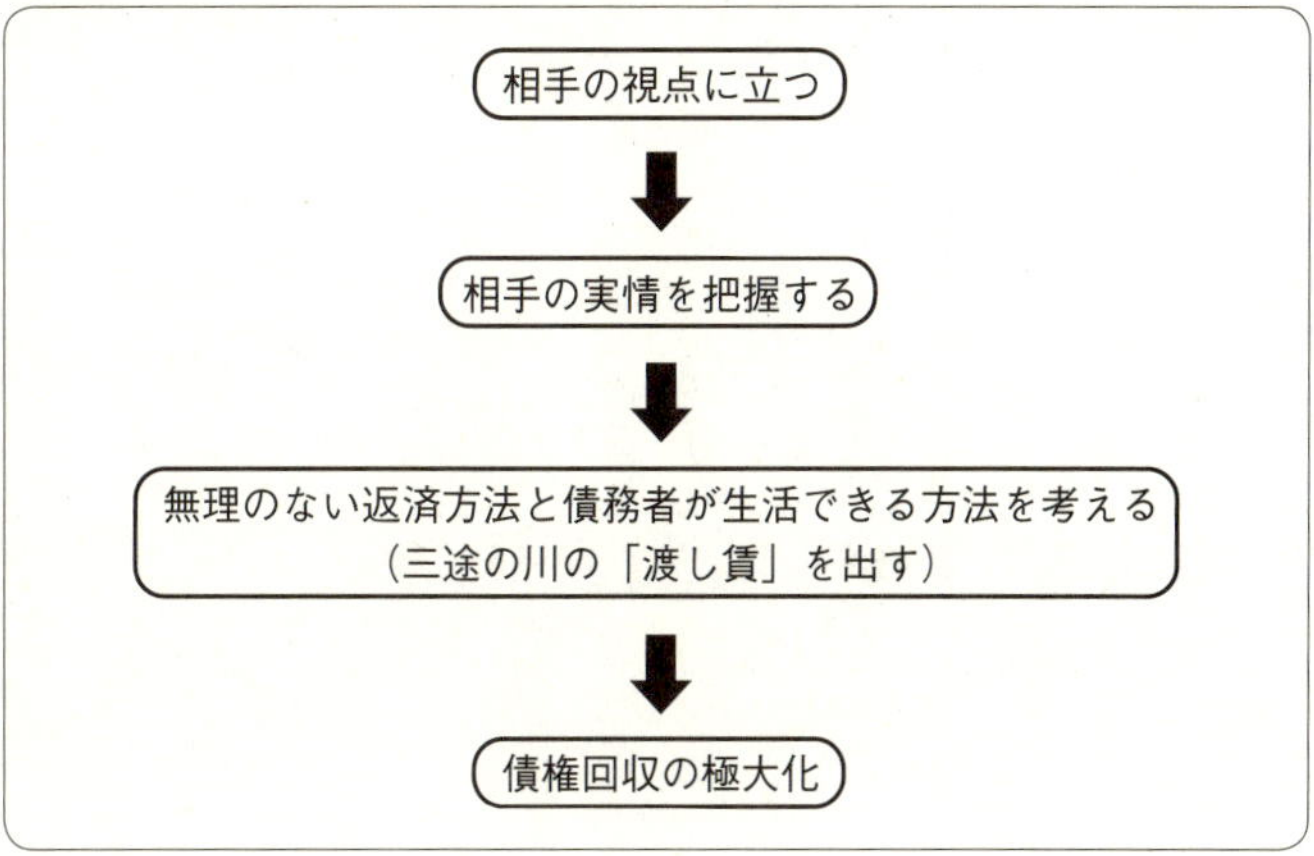
相手の視点に立つ
相手の実情を把握する
無理のない返済方法と債務者が生活できる方法を考える
（三途の川の「渡し賃」を出す）
債権回収の極大化

鈴木さんと村田さんに共通することは、債務者の視線で実情を見ていることだ。鈴木さんは私に以下のような話をした。

「借金を返せない経営者のことをよく考えてください。その経営者は幸福な日々を送っていますか？」

当然ながら、この問いかけに対する答えはNOである。

「そうでしょう。人生のなかでも、いちばん厳しい状況に経営者は直面しています。ストレスがものすごいですから、病気になっている人もいます。経済的に行き詰まっていますから、家庭がうまくいっていないことも多いです。離婚、子の非行問題を債務者が抱えていることもあります。そんな逆境にある債務者に対して、金を返せとただ迫るだけでは、効果はありません。債務者を取り巻いているさまざまな情報を集めて、総合的な観点から、返済計画なり、債権回収方法を考えないと、絵に描いた餅になります。これは同情ではなく、現実を見据えた話です。現実を見据えないと、債権回収の極大化はできません」

鈴木さんの話を聴いていくうちに、私の頭に浮かんできたのが、一二一ページの図5－4だ。

感じの悪さの第七法則は、「対立する社会的状況にあって、共感することを忘れると、感じが悪くなる」であるが、債権回収のプロたちはみごとに第七法則をクリアしていた。

注目したいのが、図5－4の最初と最後だけを取り出して繋ぐと、相手の視点に立つ＝債権回収の極大化、が成り立っていること。

共感は、相手の視点に立つだけでなく、相手の視点に立った人の目標達成度が極大化しないと、永続性がない。世界的なビジネスの潮流の一つである社会起業家たちも、社会的に意義のあるビジネスをしつつ適正な利益を上げて、はじめて長続きすると主張しているが、相通じるものがある。

対話の土台を作る努力をすると

最後に、③債務者の本業が立ち直る可能性があるとき。

債務者に悪意がなく、本業が立ち直る可能性があるときであれば、債権回収の仕事はそれほど苦労しなくて良いだろうと私は簡単に考えていたが、債権回収の現場は想像以上に厳しかった。とくに、債権回収のカリスマ的プロの鈴木さんの話は、バブルとその崩壊の時代を知る私には、とくに印象的だった。

一九八〇年代後半のバブル景気を知る現役のビジネスマンは少なくなった。バブルが始まるまでは、担保があってもなかなか金を貸してくれなかった銀行が、手のひらを返すように、担保の評価額を膨らませて金を貸しますと言い出したのでびっくりしたことを、まるで昨日のことのように思い出す。

その頃、私は小さな学習塾を経営していた。家業の会社を潰した苦い体験があったので、借金に恐怖心があり、その誘いには乗らなかった。あのとき勧められるままに借金して、不動産でも買っていたら、いま頃、この本も書けていないだろう。

一九九二年以降、バブルがはじけたら、金融機関はいっせいに金を貸さなくなった。それどころか、貸していた金を引き上げる「貸し剝がし」まで始めた。「よくもここまで態度を変えることができるものだ」と、私はあきれ返って、金融機関の豹変《ひょうへん》ぶりを遠くから眺めていた。

すすめられるままに借金をした経営者たちの多くは、金融機関に対して不信感を募らせた。いまから紹介するエピソードで、鈴木さんが出会った経営者の激しい怒りを、私もよく理解できる。

調査部から異動してきたばかりの鈴木さんにとって、金子不動産株式会社（仮名）は債権回収の初仕事だった。金子不動産の債権回収を命じられたとき社長の金子《かねこ》昇《のぼる》さん（仮名）は、会社内ではヤクザだと信じられていた。

そのため、それまでの担当者は、金子社長の剣幕《けんまく》に怯《おび》えて、まともな話し合いができなかった。借金を返せない状態が続いていて、金融機関の本店では、金子不動産は再建できない、と判断していた。

そんなときに、鈴木さんは、社内の債権回収のチームのなかで成績の良いチームの特徴を調べた。すると、成績の良いチームほど、債務者の立場に立って、やれることはすべてやるという姿勢で仕事をしていることがわかった。

彼らは債務者の状況をはっきりと把握していて、回収できていない金額の返済を迫っていない。回収できるタイミングの見極めもうまかった。

鈴木さんは、この成績の良いチームを真似て、金子不動産の経営実態を十二分に把握したうえで、金子社長を訪問した。こうすることで、「感じの悪さの第三法則：対立する社会的状況にあっては、お互いに共通する目標や経験など、対話の土台を作る努力をしないと、感

表5－5　社会的な状況とコミュニケーションスタイルとの関係
――ＳＹＡコミュニケーション

	仲良くする状況	対立する状況
Ｆ型コミュニケーション（仲良くなるためのコミュニケーション）	Ⅰ感じが良い	Ⅱ感じが悪い
Ｃ型コミュニケーション（対立して説得するためのコミュニケーション）	Ⅲ感じが悪い	ⅣＳＹＡコミュニケーション能力が必要

じが悪くなる」を回避し、土台を作ったわけだ。

しかし、金子社長は初対面の挨拶もろくに聞いてくれなかった。「支店長を連れてこい！」といまにも殴りかからんばかりの勢いだった。

そんななか鈴木さんは、金子社長のものすごい剣幕に動じることなく、頻繁に会いに行った。このとき、鈴木さんは、金子社長に対して一方的な譲歩を強要していなかった。「感じの悪さの第四法則：対立する社会的状況にあっては、譲歩や屈服を相手に強要すると、感じが悪くなる」を未然に防いでいたといえる。

面談回数が積み重なるにつれて、金子社長は鈴木さんに怒鳴りながら、自分の会社の経営実態を徐々に話し始めた。耳を傾けているうちに、金子社長なりに、経営についてきちんと考えていることがわかってきた。

金子社長は一代で不動産会社を築き上げた典型的なワンマン社長だった。この手のワンマン社長は商売の勘所《かんどころ》をつかんでいるし、頭の回転も速いが、論理的に自分の考えを説明できない人が多い。部下たちは社長の指示命令に異議を唱えることはもちろん、質問もできない状況の場合も多い。

周りの人間が、誰も社長の考えが理解できない。金子社長も、自分の言葉を周りが理解できる金融用語に換えることができない。金融機関の人間に自分の考えを十分に伝えることができないので、イライラして言葉がきつくなってしまったこともわかった。

鈴木さんと金子社長の社会的状況とコミュニケーションスタイルの関係は、表5－5のⅣの領域だ。SYAコミュニケーション能力が不足すると、感じが悪くなってしまう。金子社長はこの能力が決定的に不足していた。

それに対して鈴木さんは、ほれぼれするようなSYAコミュニケーション能力を発揮し、事態を好転させていった。

二人の関係が良くなる直接のきっかけは、鈴木さんが金子社長に「テープレコーダーで社長の話を録音させてほしい」と申し入れ、金子社長がOKしたときだ。これは、「感じの悪さの第五法則：対立する社会的状況において、双方が嘘をつけない仕組みを作っておかないと、感じが悪くなるリスクが増える」のを防ぐためだ。

おそらく度重なる怒号にも屈せず通ってくる鈴木さんの態度に、金子社長はいままでの担当者にはない誠実さを感じたからだろう。録音は、こういう切羽詰《せっぱつ》まった状況では、自分の首を絞める道具にもなりかねず、よく金子社長がOKしたものだと思う。鈴木さんが誠実に、共感を持って、金子社長の話に耳を傾けていたことが想像できる。

鈴木さんは自分の会社で、何度も金子社長の話を再生し、金子社長が計画しているプロジェクトごとの採算性を計算した。その結果、金子不動産の再建は可能であり、それをどういう形にして稟議《りんぎ》を出せば本部の審査がパスするかの、見当を付けることができた。その結果、利子の棚上げ、債権回収の繰り延べができた。

二〇一二年現在、金子不動産は健在で、以前に増して手広く事業を展開している。

交渉のマイルストーンを決めると

債権回収の仕事ではプロ同士が衝突することがある。代表的な事例は、弁護士同士の戦いだ。

私は、債権回収では第一人者といわれている福本誠一《ふくもとせいいち》弁護士（仮名）にヒアリングを申し入れた。福本弁護士は、良い意味で、ビジネスライクで、無駄なことをいわず、質問に対して明確に、わかりやすく答える人だった。「シンプルに」「わかりやすく」「スピーディに」。債権回収の法律業務での有効なコミュニケーションスタイルの何たるかを言い表すキーワードがこの三つだ。

債務者側に優秀な弁護士が付くと、交渉は非常に厳しいものとなり、交渉中は高度な集中力が必要になる。福本さんは、どんなに難しい状況にあっても、共通のゴールを設定する必要があるという。

それも、社会的に見て望ましいゴールを設定すると、迷路のように複雑な交渉をしながらでも、自分たちは社会的に見て良いことをしているのだという共通の意識が持てる。共通の意識やゴールがない状態で対決カードを切ると、自己破産など、債権者にとって望ましくない行動に債務者側を追いやってしまう。

この主張は、「感じの悪さの第三法則：対立する社会的状況にあっては、お互いに共通する目標や経験など、対話の土台を作る努力をしないと、感じが悪くなる」に該当する。交渉のマイルストーンを双方で決め、マイルストーンごとに、手の届く目標を設定することがコツである。

二度と会いたくないと思った人は

福本さんによると、「手が届くところにゴールを置いたほうが、お互いがゴールに向かっているのだという幻想を持てる」のだという。私は、福本さんの「幻想」という言葉に、交渉の厳しい現実を感じ、衝撃を受けた。

債権回収の交渉では、少なくとも一方は経済的に行き詰まっており、どのような決着になっても、ハッピーエンドにならない。たとえゴールに到着しても、どちらか一方、ときには双方とも、不幸な結末を受け入れざるを得ない。

しかし、ビジネスや人生でも、ハッピーエンドにならないことも多い。C型コミュニケーションは、お互いが社会的に有意義なことをしているという幻想を持ちつつ、ハッピーエンドで終わらない物語を双方が納得して受け入れるためのコミュニケーションとも考えられるだろう。

私は福本さんに、「これまでに出会った交渉相手で、二度と会いたくないと思った人はどんな人か」と質問したら、すぐに「何を考えているのかわからない相手だ」という答えが返ってきた。

相手の意図がわからないと、こちらが不安になってしまい、非常に不愉快な気持ちになってしまう。これは、「感じの悪さの第二法則：適切な自己開示をしなかったり、自分の本当の意図を隠したまま、偽の意図を相手に伝えたとき、感じが悪くなる」に当てはまる。

私たちが対立する状況にあるときも、できる限り、こちら側の意図を明らかにしながら、コミュニケーションをしたほうが良い。

これは、後日、スポーツのメンタルコーチとして役立った。コーチと選手、コーチ同士は時には対立することがある。より正確にいえば、対立していると思い込むことがある。

ある合宿の初日、午前中の練習が終わったとき、コーチと選手の間でこんなやり取りがあった。

選手Aさん「コーチ、今回の合宿では、午前中は何時に練習が終わるのですか」
コーチBさん「今日と同じで一一時三〇分ころかな」

一見何でもないような会話なのだが、Bさんの表情がもう一つさえない。そこでメンタルコーチの私が介入した。

私「Aさん、質問をするときは、なぜその質問をするのか、意図を説明してから質問をしたほうが良いよ。自分の意図を隠したままコミュニケーションを取ると感じが悪くなる。いまのやり取りは、そんな感じを受けたけれど、どういう目的で練習の終わる時間を聞いたの？」

選手Aさん「えっ！　そんなに感じが悪くなるのですか？　帰省するためにチケットを買いたいのですが、午前中に買いに行かないと売り切れになると思って、練習が何時に終わるのか聞きました」

コーチBさん「（ほっとした表情で）それならそうといってくれよ。練習時間が長すぎて不満を持っているのか、練習内容が気に入らないのか、ちょっと心配になったよ」

　この場合、笑い話で済んだが、より緊迫した場面では、笑い話で済まず、コーチと選手の信頼関係にひびが入ったかもしれない。質問一つするにも、意図を明らかにしてからのほうが感じが良くなる。

　あなたが旅行をして、どこかの駅のプラットホームに立っていると想像してほしい。あなたが乗る列車が予定時刻になっても来ない。そばを通った駅員に、「いつ列車が来るの？」と唐突に聞けば、駅員は、この乗客は列車が遅れたことに腹を立てて、私を非難しているのだなと勘繰《かんぐ》って、態度を硬化させるかもしれない。

しかし、「お土産《みやげ》を買うのを忘れていた。列車が遅れているようだけど、駅の売店でお土産を買う時間があるかどうか知りたい。いつ列車が来るの？」と質問すれば、駅員は緊張することなく答えることができる。

少し手間はかかるが、意図を明確にしてコミュニケーションを取ることを心掛けることで、随分と感じは良くなるものだ。

第六章　再建のプロが「ハゲタカ」と呼ばれない手法とは？

価値創造的思考とは何か

企業再建は、商売がこの地上に生まれたときからずっとビジネス上の大きなテーマだった。経済力が衰退している日本では、今後ますます重要さが増すだろう。

私自身は、たまたま自分が勤務していた会社の経営陣が外資系ファンドによって解任される事態に遭遇《そうぐう》した。その前のベンチャー企業に勤務したときは、日系ファンドから資本を入れたのだが、その瞬間にベンチャー企業の伸び伸びした良さが消え、ひたすら利益追求をする企業に変わってしまった。

外資系、日系を問わず、ファンドに共通する特徴は、「売り上げ−費用＝利益」の引き算だけで企業経営を考えているところである。しかも、売り上げをアップするよりも、費用削減に力点が置かれている。

私は、売り上げよりも、提供する製品やサービスの付加価値の高さを大切に考えて会社を経営している。製品やサービスに創造性や独自性があれば、価格競争に巻き込まれずに済み、経営者も社員も余裕を持って仕事に取り組める。創造性や独自性は、引き算思考からは生まれないし、創造的であるためには多少の無駄も必要である。

ファンドで働く人は頭の良い人が多いので、利益率が高いほうが良いのはわきまえている。ただ、利益率を高くするときの発想が私とは違うのだ。

通常、ファンドは、利益率の低い事業や業務を削って利益率の高いものだけを残すやり方を取る。一方、私は製品やサービスの創造性や独自性を高めるための開発投資が必要だと考える。

利益率を高める目的は同じでも、ファンドには生産性の低い製品や事業を切り捨てるという引き算思考が根底にある。それに対し、私は価値創造反応式で考えている。

Aはもともとの製品やサービスの価値で、Xは開発投資額とする。開発投資が終了した直後の企業価値はA＋X。そして、新たな開発コンセプトを取り入れた新製品や新サービスをYとして、開発活動から生まれた次の開発シーズをBとすると、新たな企業価値はA＋X＋Y＋Bとなる。「A＋X➞A＋X＋Y＋B」という反応式が価値創造反応式である。

この反応式は、清水博《しみずひろし》氏の自己複製機構の反応式（等式ではなく、反応の➞の先では、新たな価値が付け加わっている）からヒントを得て私が考えた。

私の仕事人生を振り返ると、引き算思考との戦いだった。価値創造反応式は、見かけは良いのだが、引き算思考に比べて劣《おと》っているところがある。成功の確率（反応が起きる確率と言い換えてもいい）が低いことだ。現実のビジネスで、「A＋X➞A＋X＋Y＋B」などのような好都合なことはめったに起こらず、失敗する確率は高い。

それに引き換え、費用を削減することは、強権さえあれば、乾いた雑巾《ぞうきん》でもいくらかは絞れる。その成功率は、九〇%を超えるのではないか。

私は価値創造的思考を振りかざして、引き算思考と戦ってきたが、負け戦《いくさ》の連続だった。それでも私が価値創造的思考にこだわるのは、引き算思考で経営をやっていると、ある日、突然に、企業が立ちゆかなくなるからである。

私の子どもの頃、石油がエネルギーの主役になり、炭鉱がどんどん閉山になっていった。合理化に続く合理化（引き算経営）で、労働争議が頻発し、流血の惨事を引き起こした。しかし、石炭産業は復活しなかった。

つまり、引き算思考では時代の変化を乗り越えることはできないのだ。小川洋子《おがわようこ》氏の『博士の愛した数式』ではないが、「売り上げ－費用＝利益」の等式を見ていても、そこに美しさを感じない。

比べて、「A＋X→A＋X＋Y＋B」は美しいし、楽しい。経営において、この美しさと楽しさにこだわるべきだ。

「明日の夢より、今日の現金」

ファンドのなかにハゲタカと呼ばれる企業があるのはご存じだろう。死体の肉を食べる貪《どん》欲《よく》な鳥というイメージがハゲタカにはあり、体力の弱った企業に群がって、残っている資産を売り飛ばし、あとは企業の残骸だけを残すやり口から、このニックネームが生まれた。

私が出会ったファンドにも、ハゲタカと呼ばれてもおかしくない企業があった。それぞれで差はあったものの、ファンドで働く人たちのお金に対する考えや執着は共通していた。

私がベンチャー企業の役員をしていたとき、その企業に投資したファンドの人たちと何度か会議を開いたことがある。ベンチャー企業の社長が経営計画を説明しているとき、ファンドの人たちは、社長が描く将来の夢には、ほとんど関心を示さなかった。

経営の長期計画を立ててほしいと要請はしてくるが、会議での発言は、「現在の売り上げが低迷している理由を説明してほしい」とか、「無駄な経費が多いのではないか」「役員報酬が高すぎる」などの現在に焦点を合わせたものが大半だった。

たまに将来のことに意見するときも、「その計画がうまくいく証拠を出してほしい」とか、「五年後にそれだけの売り上げを上げられるという根拠を示してほしい」などで、ファンドの意識は、常に「現在のお金」だった。

外資系で仕事をしているとき、たまたまその企業が、グローバルなファンドに買収されることになった。それまでその企業を所有していたファンドと買いに来たファンドとの、交渉のプロセスを垣間《かいま》見ることができたが、その交渉の場では、二つのファンドの関心は「いかにうまく売り抜けるか」だけだったと断言しても良い。

その会社の社員や、少数株主、取引先のことは、ほとんど議論されなかった。買うほうは五年後に売却する計画があるようで、研究開発案件も、五年後の企業デコレーションに関係がありそうなものだけに関心を示した。

ファンドの多くがハゲタカと見なされて、そのイメージのまま終わってしまう。彼らは将来、何が起きるかわからないということに対し、強い恐れや不安を持っており、何が起きても対処できるよう流動性の高いお金を確保することに大きな関心を持っている。長期的な成長には、あまり意識がいかないのだ。

現在の流動性を高めようとすれば、「売り上げ−費用＝利益」のうち、コントロールできる費用削減を徹底すれば良い。コストカットをして、企業の現在の収益性を高めておき、うまく売り抜けて、より大きなお金を手にする。

自分たちの将来への不安で頭がいっぱいで、その企業の社員や利害関係者には考えが至らない。彼らのこのような思考方法や行動傾向が、世間の人々の目には死肉をあさるハゲタカとダブって映るのだろう。

もちろん、ファンドから送り込まれた経営者が、「売り抜けること」を止めて、その企業に骨を埋める気で経営に取り組めば、誰もハゲタカとは呼ばなくなる。しかし、これはファンドのビジネスモデルと相容《あいい》れないので、ありえない話だ。「ハゲタカはいつまでたってもハゲタカ」と覚悟して、彼らとビジネスをしたほうが良い。

ファンドがもっとも儲かるのは、二束三文の倒産寸前の企業を安く買収して、それを再建し、高く売却すること。どこのファンドも、建て前は、経営を改善して高収益を上げる企業に変革することがミッションだといっている。真剣に再建に取り組み成功しているファンドもあると聞くが、不幸にも、私はそのようなファンドに出会ったことはない。

ボロ企業を本当に再建しようとすれば、長期間その企業に投資し、多額の資金をそこに固定しなければいけない。そうなれば、手元の流動性が悪くなる。「明日の夢より、今日の現金」という考えをしている人たちにとって、耐えがたいことだ。

そのため、そこそこいけている企業を買収して、うまくデコレーションをして、さっさと売り飛ばしたほうが、ファンドで働く大部分の人たちにとっては、より快適に感じられるだろう。「手元流動性を高めて将来の危機に備える」ことと「うまく売り抜ける」ことの両方を狙っているファンドには、本当の意味の企業再建は、心理的抵抗が大きすぎて無理だ。

四面楚歌から信頼を得る方法

一方、弱った企業を再建し、英雄となる人もいる。

潰れかかった会社を再建するとき、経営者は交替するのが普通だ。それまでの経営陣から新社長が選ばれたり、従業員が経営者になって再建することもあるが、たいていは社外から新社長が乗り込んでくる。

そういうときは、従業員は身構えるものだ。経営不振は長く続いていることが多く、その間に優秀な従業員のほとんどは退職をしていて、残っている従業員の大半は行き場のない人たちというケースも多い。

長年モチベーションの下がった状態で従業員は仕事をしていて、能力も低下しており、それぞれが劣等感を持っている。「自分たちは優秀ではないから、解雇されるかもしれない」と恐れている人たちがたくさんいるため、身構えてしまうのだ。

こういった場合、新社長が善意をどれだけ持っていても、それとはお構いなく、従業員との真っ向対立を強《し》いられてしまう。

運良く、このような状況を経験したことがない人は、アメリカの戦争映画『頭上の敵機』をご覧いただきたい。ハーバード大学のビジネススクールで、組織再建の教材として使われた映画である。主演は若き日のグレゴリー・ペック。ペックが、士気の落ちた航空隊の立て直しに指揮官として赴任してくるが、隊員たちから総すかんを食らうのだ。

このような最悪な状況下で、従業員からの信頼を獲得し、「あの社長のもとで仕事をして良かった」と思ってもらえるようにするには、どうすれば良いのだろうか。

私はこの難題を乗り切り、見事に成功した人を知っている。コールセンター業最大手、ベルシステム24の社長だった園山征夫《そのやまゆきお》さんである。

私は四年間、園山さんのもとで執行役員を務めていた。残念なことに、園山さんは社長を退任せざるを得なくなったが、素晴らしい経営者だった。いまでも私は園山さんと一緒に仕事がしたいと思っている。その園山さんにヒアリングし、対立する状況下でのSYAコミュニケーションの極意《ごくい》を教えてもらった。

園山さんは、ベル社に乗り込む前は、CSKの創業者の大川功《おおかわいさお》氏のもとで経営者としての薫陶《くんとう》を受けていた。大川氏が経営難に陥ったベル社の救済に乗り出し、企業再建の責任者として園山さんを送り込んだ。

このとき、ベル社の大部分の従業員は、園山さんを占領軍と見なして反発した。私がベル社に入社したとき、反乱軍の首謀者だった人が役員を務めていた。その人は、乗り込んできた園山さんに向かって、「この会社にいてもらっては困る。一日も早く、CSKに戻ってくれ」と迫った。

対立というよりも、戦闘状況と呼んだほうがぴったりである。おまけに、訳のわからない巨額の手形が振り出されていたり、倉庫には不良在庫が山積み状態だった。

こんな状況下で、園山さんは逃げ帰るどころか、CSKを退職し、ベル社の再建に専念すると宣言した。CSKの同僚たちは、いつでもCSKに戻れるように出向という形を取ったほうが良いとアドバイスした。

しかし、CSKから送り込まれた人のなかで、園山さんただ一人が出向解除をした。従業員と信頼関係を作り上げるためには、「社員と一心同体である」ことをわかりやすく伝える必要があると園山さんは考えたからだ。

この宣言で、従業員の猜疑《さいぎ》心や反発心が解け始めた。「感じの悪さの第七法則：対立する社会的状況にあって、共感することを忘れると感じが悪くなる」を園山さんがクリアしたことが、第一の要因である。

彼は、「CSKに戻れ！」と迫ったベル社の従業員たちの気持ちを痛いほど理解していた。だからこそ、園山さんはベル社が急成長し始めると、反旗を翻した人でも、有能であると評価した人はどんどん抜擢《ばってき》した。

従業員にとって最高の経営者とは

そして、みずから退路を断つ行動ほど、園山さんがどんな人間であり、どんな意図を持っているか、それを明確に示す行動はない。彼の取った行動は、「感じの悪さの第二法則：適切な自己開示をしなかったり、自分の本当の意図を隠したまま、偽の意図を相手に伝えたとき、感じが悪くなる」も同時にクリアしていたのだ。

園山さんは、「経営者は身の捨て方を知っていなければならない。背水の陣の敷き方を知っていれば、どれだけ自分が本気かを従業員に理解してもらえる」という。

身を捨てるだけであれば簡単であるが、経営者は自己満足的な自己犠牲をしてはいけない。身を捨てることで、従業員に経営者としての意図を伝え、従業員との信頼を強化できなければならないのだ。経営者は「背水の陣」の敷き方を、絶えず考えておかねばならないだろう。

反発していた従業員との信頼関係を強化するために、次に園山さんがやったことは何か。それは、「①会社を上場させる。②人材育成に力を注ぐ。③コンタクトセンター（コールセンター）を近代化する」という三本の柱を中心とする将来構想を発表したことだ。

売り上げは低迷し、訳のわからない巨額の手形の決済に追われていた最中だったが、この発表に立ち会った人たちに、そのときの話を聞いたことがある。「正直なところ半信半疑だった。会社が潰れかかっているのに、上場など夢のまた夢と思う一方で、何か希望のようなものが心に芽生えた」と答えた人が多い。

このことは、園山さんへの信頼をさらに強固なものにしていった。それは、「感じの悪さの第三法則：対立する社会的状況にあっては、お互いに共通する目標や経験など、対話の土台を作る努力をしないと、感じが悪くなる」をクリアしたからだ。

もし園山さんが将来構想を打ち出さなかったら、社長と従業員は何を目指し、どんな課題を乗り越えなければならないのか、対話ができなかっただろう。

どこの会社でも、経営トップは、ビジョンや長期計画の形で、会社の目標を社員に提唱する。園山さんの将来構想も、そういう意味では珍しくないが、将来構想をもとに従業員と真剣に対話するところが素晴らしかった。

社長の考え方が浸透しない企業が多いのは、社長と従業員の真剣な対話が少なすぎるからだ。私も、研究のあり方や人材育成について園山さんに何度も提言する機会があり、常に真剣に聴いてもらったし、園山さんのコメントは的確だった。

また、園山さんは、決断は速かったが、自分の意見を押し付けることはなかった。「僕はその意見には賛成できない。こちらの案が良いと思う」という言い方をする人だった。経営トップなので、こちらも園山さんの指示にほとんど従ったが、どうしてもやりたいという企画については、熱意を持って何度も説明すると、じっと聴いていて、「そこまでいうならやってみよう」といってもらえた。

「感じの悪さの第四法則：対立する社会的状況にあっては、譲歩や屈服を相手に強要すると、感じが悪くなる」を園山さんは常にクリアしていた。

私にとっても、そして従業員にとっても最高に「感じの良い経営者」だった。

感じの悪さ七法則をクリアした男

園山さんが打ち出した将来構想は、三本の柱を含めすべて実現された。「感じの悪さの第五法則：対立する社会的状況において、双方が嘘をつけない仕組みを作っておかないと、感じが悪くなるリスクが増える」も、園山さんはクリアしていった。

私がベル社に入社したときは、ベル社は従業員三万人の一部上場企業だった。園山さんは従業員の間では、カリスマ的な経営者だった。

しかし、彼自身はカリスマ経営者に見られることをひどく嫌っていた。現場を重視する人で、コンタクトセンターの片隅の机に座って仕事をしていることもしばしばだった。園山さんと一緒にお客様を接待することもあったが、約束の場所に電車かバスを使って現れ、お客様が帰られると、また電車で帰宅した。

「感じの悪さの第六法則：社会的状況に関係なく、人間の価値はその肩書で決まると信じている人は、感じが悪い」に、園山さんほど縁遠い人には出会ったことがない。ベル社の社長としては厳しい人だが、一個人としては、肩書でものをいったことはなかった。

ベル社の再建にあたって、園山さんが対立をした相手は金融機関だった。つまり、借金である。どういう経過があってなのかは不明だが、ベル社は多額の借金をしていた。経営状態から考えて借入できる金額ではない額だ。

借入を起こしたときに、毎月の返済額に当たる約束手形を、それまでの経営者が銀行に渡していた。

たとえば一〇〇〇万円の借り入れをし、その利子が五〇万円となると、返済額は一〇五〇万円である。一〇回にわけて毎月返済するとすれば、一〇五万円の約束手形を一〇枚銀行に渡しておく。銀行は月末に手形交換に回す。無事に手形が落ちれば、銀行は一回分の借り入れ返済を受けたことになる。

こんな形で借りたお金が、「隠れ借金」として存在した。借入総額は数十億円である。経営が行き詰まっていたベル社に返済能力はない。月末になると銀行から「手形交換所が閉まります。早く入金してください。入金しないと倒産します」と電話がかかってくる。

園山さんは、毎月末にその電話を受け、交換を翌月に延ばしてもらった。「どう考えても筋の通らない借金なので、払えません」と園山さんは突っぱねた。銀行は、園山さんの気迫に押されて、返済を繰り延べした。

そんななか、銀行の支店長の神田《かんだ》四郎《しろう》さん（仮名）が返済交渉に来た。交渉している間に、園山さんの的確なリーダーシップのおかげで、ベル社の売り上げが上がり、再建の光が見えてきた。それをバックに園山さんは粘り強く交渉して、借入金の減額という形で和解ができた。

和解条件の一つに、銀行がベル社の株式を持つという一項があったが、後日、ベル社は上場したので、銀行は大きな利益を享受《きょうじゅ》することができたはずだ。

銀行の神田支店長と園山さんは、その交渉を通して、お互い敵ながらあっぱれという印象を持った。両者、難しい交渉から逃げずに、真摯《しんし》に話し合ったのが良かったと園山さんは振り返る。

「感じの悪さの第一法則：直面する社会的な状況と、コミュニケーションスタイルの組み合わせを間違えると、感じが悪くなる」を双方がクリアしていたことが、対話がうまくいったきっかけではなかったろうか。

神田さんは、ベル社が上場したころに銀行を定年退職したので、園山さんが顧問として招いた。ベル社にいたとき、私は神田さんに二、三度会ったことがある。愛想を周囲にふりまく人ではなく、冷静で、しっかりした価値観と倫理観を持った人という印象を受けた。

一流のビジネスマンと一流のアスリートにはいくつかの共通点がある。そのうちの一つに、「困難な状況から逃げないで、辛抱強く、自分の力で困難を乗り越える」ということが挙げられる。困難な状況に直面すると逃げる人は、どんなに頭が良くても大成しない。園山さんと神田さんには、前述の条件が備わっていた。

インタビューをしてしばらく経ち、執筆の経過報告を園山さんにした際、とても良いメールをもらった。

「誠実に、熱意を持って経営再建に当たったけれど、私の考えに反対したり、付いていけずにベル社を退職した人もいた。退職届を出した人は、いつも笑顔で見送った」

自分と対立して、たもとを分かった人を笑顔で見送ることは、SYAコミュニケーションの奥義だ。別れるときも笑顔、そして再び会うときも笑顔。

ベル社には、一度退職して別の会社に転職したけれど、やはりベル社が良いと、戻ってくる社員もたくさんいた。出戻り制度と呼ばれていたが、とても良い制度だった。

ファンドと園山さんの経営に対する考え方は、百八十度違っている。ファンドから送られてきた社長か、園山さんのどちらかを選べといわれたら、どの従業員も躊躇《ちゅうちょ》することなく園山さんを選ぶだろう。感じの悪さの法則の一～七のすべてをクリアした園山さんのサバイバル術は、教科書となるはずだ。

一流企業病にかかっていない証拠

園山さんは一つの会社を丸ごと再建して、潰れかかったボロ会社を業界トップの会社に育て上げた。一つの会社を再建することも大変だが、大会社にあって、一つの課や一つの事業部を再建するのも難しい仕事だ。仲良くする状況は皆無で、対立する状況の連続だからだ。

佐々木三郎《ささきさぶろう》さん（仮名）は、課から事業部までの組織の再建を成功させてきた人で、私は事業部再建の達人と尊敬している。佐々木さんは若いころからずけずけ上司に直言したので、心の広い上司とならうまくいくのだが、狭量《きょうりょう》な上司には煙たがられたようだ。

佐々木さんは大学を卒業するとすぐに、日本を代表するメーカーに入社して、ずっとその会社にいて役員にまでなったが、端《はた》から見るとエリートサラリーマンには到底見えない。「野武士」という形容がぴったりだ。

佐々木さんのキャリアは、本社勤務がなく、ほとんど製造現場である。課長に昇進してからは、大きな問題を抱えた課ばかりを任された。佐々木さんの言葉を借りると、「佐々木が失敗しても、いまさら彼のキャリアに傷はつかないだろう」と上の役職の人たちが考えたからということだが、本当の理由は不明である。

大会社の問題続出の課は、その課だけに問題がある場合は少なく、何らかの形で、上位層の部や事業部のやり方にも問題があるケースが多い。

佐々木さんは、遠慮なく部長や事業部長にも直談判《じかだんぱん》をするタイプだった。そのとき、猛烈なやり取りをした部長の一人から、「佐々木の顔を見たくない。見ない日があるとうれしい」とまでいわれたが、その部長とはいまでも付き合いがあるという。まさしくSYAコミュニケーションの達人である。

世間で一流企業と呼ばれている会社は、減点主義で評価をする傾向がある。優秀な人材がどんどん入ってくるので、差をつけようとしたら、失敗をした者にマイナス点を与えるほうが手っ取り早いからだろう。

結果、積極的に何かやろうというよりは、やらなくてもいいことは、できるだけやらずに済ませようという風潮が生まれる。

ちなみに、自分の会社が一流企業病にかかっているかどうかを診断する簡単な方法がある。会社OBたちが、起業したり、中小企業へ転職して成功しているケースが多ければ、やらなくて良いものには手を出さないという一流企業病にはかかっていないと診断して良い。

佐々木さんは、その組織を立て直すために有効だと思う方法は何でもやる人で、起業家感覚に溢れる人である。反対する上司がいたら、臆せず説得しにも行った。

「駄目な組織とレッテルを貼られたところに共通するものがある。自分たちの部門は構造的に赤字体質だとか、目標は達成できないとかの、一種の負け犬根性のようなものがある。私は異動先で、まず負け犬根性を正すことから始めた。長年赤字が続いているところなら、一年以内で必ず黒字にしたし、目標意識が弱いところは、部下たちととことん話し合って目標を達成させた。改善は手数をいかにたくさんかけるかである。改善件数を積み上げていくと必ずといっても良いほど組織は良くなっていく。良くなればみんな感動をする。一度、黒字になったり、目標を達成したりすると、皆の意識が変わり、負け犬根性が消えていく」

佐々木さんはそう語る。さらりというが、部下や同僚から相当反発されたことは想像できる。

事業部再建の達人の成功法則

反発されながらも、佐々木さんはなぜ組織再生に成功したのだろうか？

主な成功要因は二つある。

一つは、ずっと現場におり、難しい現場でキャリアを積み上げてきたので、誰にも負けない製造現場ノウハウを身に付けていたことだ。そして、もう一つは、佐々木さんのC型コミュニケーションが優れていたことだ。

佐々木さんのコミュニケーションの特徴は、相手との意見の違いを厳密なくらいはっきりさせるところである。

佐々木さんとお付き合いして、ずいぶん時間が経過したが、親しくなっても、私と考え方が違うと、どう違っているのかを明確に指摘する。佐々木さんの話を聴いて、私の理解の仕方が間違っているときは、誤解しているところを、面倒がらずに何度も説明する。

F型コミュニケーションを信奉する人たちは、「親しくなれば、対立なし」と考えているふしがある。C型コミュニケーションでは、「親しきなかにも対立あり」がモットーだ。

佐々木さんと話をしていると、こちらも自然と言葉の使い方が厳密になるし、いい加減な聴き方もしなくなる。一杯飲みながら世間話をしているときはF型コミュニケーションだが、ビジネスの話になると、さっとC型コミュニケーションに切り替わる。

「感じの悪さの第一法則：直面する社会的な状況と、コミュニケーションスタイルの組み合わせを間違えると、感じが悪くなる」が、佐々木さんにはまったく当てはまらない。

佐々木さんが乗り込んできた課の人たちは、「えらくうるさいオヤジが来たな」と思ったのかもしれない。しかし、一緒に仕事をしていくうちに、お互いの誤解が少なくなり、話のわかるオヤジと考えるようになったのではないだろうか。

佐々木さんが再建した組織には、彼のファンがたくさんできていた。大きな事業部を任せられるようになったとき、この人たちが佐々木さんをサポートしたのである。

佐々木さんと話をするとき、聴き方も話し方も厳密になったと書いたが、このことから、私は佐々木さんにいい加減なことはいえなくなった。嘘をついたら、前後関係が合わずに、すぐに見破られてしまうからだ。

佐々木さんを一言で表現するなら、「正直な人」だ。「感じの悪さの第五法則：対立する社会的状況において、双方が嘘をつけない仕組みを作っておかないと、感じが悪くなるリスクが増える」を、佐々木さんは厳密なコミュニケーションを心掛けることでクリアしている。

その後、佐々木さんは、別の事業部の再建にも成功している。

「ビジネスでの成果は、九九・九％は自分の力ではなく、周囲の助けのおかげだ。自分は、苦しいとき、必ず誰かが助けてくれるという確信があった」

佐々木さんはそう振り返る。自立しようとすれば、周囲からのサポートが必要だ。これは、自立の逆説という現象である。佐々木さんの生きざまは、この逆説の正しさを裏付けている。

対立していても、佐々木さんは「もう一度あの人と仕事がしたい」と、部下や同僚や上司から思われた。だからこそ、何度も再建の仕事をする機会が与えられたのだ。

この本を読む方のなかには、組織再建の仕事を命ぜられる人もいるだろう。組織再建はF型コミュニケーションが通用しない場である。感じの悪くなる七つの法則が当てはまる言動をしないよう注意したうえで、反対したり反発する人との対話を粘り強く続けていくのが肝心だ。

断るときは本当の理由をいうべし

第四章では立場の対立する犯人を落とす刑事の話、第五章ではまた会いたいと思わせてしまう債権回収者の話、そして、この第六章ではハゲタカと呼ばれない企業再建のプロの話をしてきた。これらの人たちは、すべてC型コミュニケーションを妨げる七つの法則をクリアしていた。

ここで、第七章に入る前に、C型コミュニケーションを妨げる七つの法則をおさらいしながら、具体的に心掛けるべきことを記述し、この章を閉めたい。

①感じの悪さの第一法則：直面する社会的な状況と、コミュニケーションスタイルの組み合わせを間違えると、感じが悪くなる。

心掛けるべきことは、もっともオーソドックスなのは、仮説と検証を繰り返すことだ。コミュニケーションを取る前に、仲良くする状況なのか、対立する状況なのかの仮説を立てる。そして、実際にコミュニケーションを取り、どちらの状況であったのかを確かめ、検証を行うのだ。

仮説が正しければ、今後の判断基準にすれば良い。もし間違っていれば、仮説のどこが間違っていたかを分析し、次の機会に活かす。

しかし、こういったことを瞬時にやるのは意外に難しいかもしれない。

そこで、ビジネスでは、そのほとんどが対立する状況なので、すべての状況でＣ型コミュニケーションを取ることを心掛けてみることをおすすめする。

その結果うまくいかなかったケースだけ、例外状況として記憶しておくのだ。ビジネスでは九九％は対立する状況なので、この方法をフォーマットにしてしまおう。

すべての状況をＣ型コミュニケーションで対応する——これこそが、感じの悪さの第一法則をクリアする方法である。

②感じの悪さの第二法則：適切な自己開示をしなかったり、自分の本当の意図を隠したまま、偽の意図を相手に伝えたとき、感じが悪くなる。

まず、日常生活でもビジネスでも、自分の意図を相手に必ず伝えるようにするのを心掛けるべきだ。

たとえば、電車の時間を聞くときでも、「夕方の七時までに東京駅に到着したいと思っています。どの電車に乗れば良いでしょうか」などと、相手に煩《わずら》わしく思われるかもしれないが、必ず自分の意図を伝える努力をする。

そして、偽の意図を伝えない訓練として、何かを依頼されて断りたいとき、本当の理由を相手に伝える努力をする。

私の例で説明すると、私は耳が悪く、大勢の会食では、ほとんど相手のいっていることが理解できない。したがって、八人以上の会食やパーティは、その理由をいい、断っている。煩わしくとも自分の意図を包み隠さず伝える——これで、感じの悪さの第二法則をクリアしよう。

③感じの悪さの第三法則：対立する社会的状況にあっては、お互いに共通する目標や経験など、対話の土台を作る努力をしないと、感じが悪くなる。

第一段階は、共通する土台を作る前に、お互いの違いを明確にする必要がある。違いを曖《あい》昧《まい》にしたまま、共通の土台を作る作業をしてしまうと、もともと相容れない要素まで、共通の土台に紛れ込み、紛糾する原因になる。お互いの違いを明確にする対話力を身に付けるために、中島義道《なかじまよしみち》氏の『〈対話〉のない社会』を読むことをおすすめしたい。

ただし、共通する土台は、ビジネスの課題が大きいほど、発見が難しい。そのような場合は、直面する課題を、いくつかの部分に分けて考える習慣を身に付けると、発見しやすくなる。これが第二段階だ。

この場合、無理に共通する土台を見つけようとすると、うまくいかない。土台らしきものを見つけたら、その土台をもとに対話を続け、双方にとって、どれだけの利益と損失があるか、シミュレーションしたほうが良い。とくに、双方の損失については確認をして、双方が損失について責任を負うことを約束すべきだ。

違いを明確にしてから、共通する土台を見つける――これで、感じの悪さの第三法則を切り抜けよう。

相手の感情を確認して話すと

④感じの悪さの第四法則：対立する社会的状況にあっては、譲歩や屈服を相手に強要すると、感じが悪くなる。

長期的目標を達成したほうが、短期的目標だけを達成して満足するよりも、結局は得だったという体験を積み重ねたい。ただし、フィードフォワード思考（未来のあるべき状態を想定し、そこから逆算して、その状態に達するためには何が必要かを考える思考）を身に付け、長期的目標と短期的目標をうまくバランスさせる目標設定方法を身に付ける能力開発も合わせて行わないと、単なるロマンチストに終わる。

そのうえで、ここが肝心だが、相手に反論をする権利があることを伝え、できるだけ反論してもらうようにする。

譲歩や屈服を強要せずに、逆に相手には反論の機会を与える。そのことで、感じの悪さの第四法則を突破しよう。

⑤感じの悪さの第五法則：対立する社会的状況において、双方が嘘をつけない仕組みを作っておかないと、感じが悪くなるリスクが増える。

嘘をつかないに越したことはないが、自分が嘘をついたときに、すぐに相手に謝罪する習慣を身に付けることだ。そのとき、嘘をつくつもりはなかったという意図の純粋さを言い訳の種にしないこと。結果に対して、きちんと責任を負う姿勢を作り上げるべきである。

そのうえで、仕事において、また交渉に当たっては、嘘をついたときの明確なペナルティを決めておくと良い。一方的なペナルティだと、どちらかに不満が生じて、約束が守られないリスクが生まれる。ペナルティは、対等の立場で課すのが重要だ。

そして、相手が約束を守らないとき、相手の事情をよく調べたうえで、率直に約束違反していることを相手に伝える習慣を身に付けよう。

ビジネスの場では、明確で対等なペナルティを決める。そのことで感じが悪くなるリスクを減らそう。

⑥感じの悪さの第六法則：社会的状況に関係なく、人間の価値はその肩書で決まると信じている人は、感じが悪い。

まずは、「素の自分」を好きになる努力をすること。なぜならば、自分が好きになれない人は、自分を粉飾しようとして、肩書にこだわるようになるからだ。

そこで、ビジネスには関係がない席で配る個人名刺を作ることをおすすめする。同窓会など、仕事とまったく関係のないところでは、この名刺を配るべきだ。肩書抜きで、自分がどんな人間かを相手にわかってもらえる工夫をしよう。

⑦感じの悪さの第七法則：対立する社会的状況にあって、共感することを忘れると、感じが悪くなる。

一度は相手の視点に立って、ものごとを見る習慣を付けられれば、もっとも良い。しかし、なかなかうまくいかない。そこで、相手の話を聴き、「あなたは～と考えているのですね」とフィードバックをしながら話す手法を身に付けておく。すると、瞬時に相手への理解が深まる。

それと同時に、相手の話を聴きながら、「そのときあなたはとても悲しかったのですね」とか、「うれしくって天にも昇る感じだった？」と相手の感情を確認するようにする。これは、カウンセリングの父、カール・ロジャーズが提唱した方法だが、共感能力を高める効果が高いのだ。

相手の考えや感情をフィードバックしながら話す。そのことで、共感を忘れないようにしよう。

第七章　あなたが課長どまりなのはなぜか？

感じの良いプロと悪家老の違い

刑事、債権回収、企業再建の仕事におけるトップクラスの人たちとのヒアリングを通して、感じが良く、もう一度あの人に会いたいと思わせる人が、高い業績を上げていることを紹介させていただいた。

ちなみに、反対に、感じの悪さがトップクラスの人ほど成果を出していない実例をご紹介したかったのだが、残念ながら、感じの悪い人のヒアリングはできなかった。そのため、身の回りにいる人から感じの悪い人を選び、その人の言動をひそかに観察して、「感じが悪いと損をする」ことを実感していただきたい。

「損をする」という実感は、行動心理学では重要視されている。ある行動をして、その結果「損をする」と感じたら、その行動をしなくなるだろうし（「負の強化」と行動心理学では呼ばれている）、「得をする」と感じたら、その行動をする頻度が増えるだろう（「正の強化」）。

営業マンの歩合給が良い例である。売り上げの上がる行動を取って売り上げをアップすれば、収入が増え、営業マンは「得をする」ことを実感するから、その後も売り上げの上がる行動を取り続けるようになる。

売り上げがアップしなければ収入が減り、「損をする」ことを身にしみてわかるので、売

図7－1　感じの良さ悪さと損得の関係

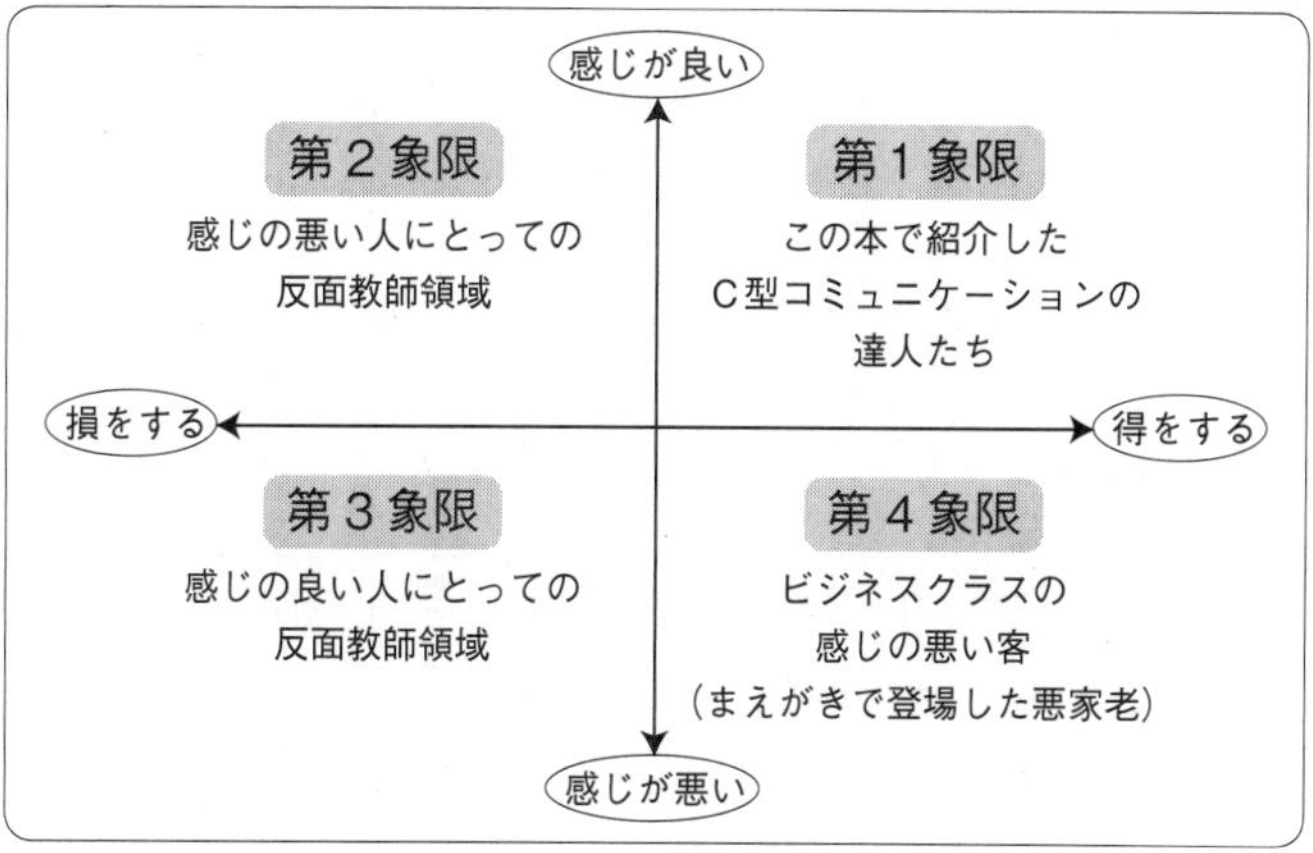

り上げに結び付かない行動をしなくなる。

しかし、社会の実態は複雑で、「得をする」のか「損をする」のかの判断が難しい。たとえば、「感じの悪さの第四法則：対立する社会的状況にあっては、譲歩や屈服を相手に強要すると、感じが悪くなる」を例に取って考えてみよう。

譲歩や屈服を相手に強要して、得をした経験をした人は多いのではないだろうか。下請け企業に納入製品の価格の値下げを呑んでもらったり、急な残業を部下に命じたり……。

ビジネスでは譲歩や屈服は日常茶飯事だ。短期的に見れば、ビジネスの相手に譲歩させたり、こちらの意思を押しとおせば、確実に得をするだろう。

世の中が、感じが良ければ得をして（図7－

1の第1象限)、感じが悪ければ損をする(同第3象限)組み合わせしかなければ、感じの悪い人はいなくなる。

まえがきで登場した悪家老を例に挙げれば、彼は人生のどこかで、相手を脅迫して、屈服させることが得になることを学び(同第4象限)、人生のどこかで感じが良くても損をする(または得にならない)ことを反面教師的に学んだのではないだろうか(同第2象限)。

C型コミュニケーションの達人たち(SYAコミュニケーションの実践者)も、ある時点で相手に譲歩をさせたり、屈服させているはずである。そうでなければ、彼らは、犯人を自白させられなかっただろうし、債権の回収もできなかったし、会社再建もできなかっただろう。

達人たちは多少の譲歩はするが、屈服は断固拒否する人たちだ。悪家老とどこが違うのか。譲歩や屈服を引き出すまでに、かける時間が違うのだ。

C型コミュニケーションの達人たちは、相手が譲歩したり、屈服したりするまで辛抱強く、感じの悪さの七つの法則に抵触しないように慎重に交渉を進める。相手が譲歩したり、屈服しても、相手にそのことを感じさせないように、共通の目標を設定するなどの配慮を欠かさない。

ここで二つのキーワードが登場する。「時間をかける」と「辛抱強く」である。

時間をかけてきちんと対立

まず、「時間をかける」について考えてみよう。

お金に執着する人たちは、将来への不安が強い傾向がある。ファンドの人たちの多くは、お金への関心が高く、できるだけ早く利益を確保したいと考えていた。ファンドで働く多くの人たちは、利益を上げるために時間をかけたくない。時間をかければかけるほど、彼らが恐れる利益損失のリスクが大きくなると感じているからだ。

そのため、いま、ここで決着を付けないと、えらいことになるという思いにとらわれて、相手に譲歩や屈服を強要してしまう。

ビジネスクラスの感じの悪い乗客は、飛行機に乗っている間に、客室乗務員に譲歩や屈服を強要した。そのような乗客に優秀なビジネスマンが多いのは、「時間をかけずに大量の仕事を正確に処理する」ことに長《た》けているからだ。そうでなければ、ビジネスクラスに乗れるポジションに昇進できない。

ヘンリー・ミンツバーグは、マネジャーの仕事ぶりを観察して、いくつかの特徴を挙げているが、そのなかに次のようなものがある。

- いつも時間に追われている。
- さまざまな活動を短時間ずつ行う。
- 互いに関連性のない業務を細切れに行う。

私自身の体験からもうなずける特徴である。ビジネスクラスに乗るビジネスマンの日常も、いつも時間に追われていて、そのなかで成果を上げている人と考えて良い。「時間をかける」ことは無能の証《あかし》と思っているかもしれない。

ビジネスで意見が対立したとき、時間をかけるより、役職や企業の看板から生まれるポジション・パワーを使って、相手に譲歩と屈服を強要したほうが、手っ取り早いのだ。

ドイツの作家のミヒャエル・エンデの『モモ』は、ビジネスによって、人間が時間に追われ、人生を幸福に生きるための大切なものを失う様子を描いた寓話である。そのなかで、灰色のスーツを着た時間泥棒が登場する。

世俗的な成功を収め始めると、時間泥棒がどんどんその人の時間を奪っていく。成功を収めれば収めるほど、大切な時間が奪われ、最後に、何のために生きるのかわからない状態に追い詰められる。

対立した社会的状況にあって一方的に譲歩や屈服を強要する人は、この時間泥棒に、カイロス（本当の自分を生き、素晴らしい人間に成長するために必要な、時計で計ることができない時間）を奪われた人なのかもしれない。時間泥棒に時間を奪われず、時間をかけてきちんと対立したほうが、結果的には大きな成果を得られることを体験することが大事だ。時間をかけて「得をした」と実感するのである。

約束手形の支払いを巡る、園山さんと神田さんの対応を思い出していただきたい。神田さんが園山さんの考えを無視して手形交換所に約束手形を回していたら、ベルシステム24は倒産し、神田さんが勤務していた銀行は、ベル社の上場によって多額の利益を得ることはできなかった。

ビジネスは、いつものようにうまくいくとは限らないが、交渉相手が誠実であれば、時間をかける価値はあるのだ。

ただし、譲歩や屈服を強要するために、時間をかけるふりをしているのか、本気で双方の共通目標を達成するため努力をしているのか、どちらなのかという問題はある。

相手の真意を見分けるポイントは、前者（ふり）の場合は、共通目標を作る努力をしないで、枝葉の議論にこだわる傾向があること。

答えがもともと決まっているので、共通目標を作ってしまうと、答え通りにはいかず、自分の首を絞めることになってしまうからだ。

また、議論の結果、資料を作るとか、第三者の意見を聴くとか、新たな作業が発生するときにも相手の本気度がわかる。

ふりをしている場合は、新たな作業の発生がないように議論を持っていったり（たとえば、「そのような作業をしている時間はない」といったり）、新たな作業をすると約束してもその約束を守らない（たとえば、「すみません。資料が見つかりませんでした」という）傾向がある。

要するに誠意が感じられない場合は、ふりをしていると判断せざるを得ない。

このことは、あなたが「ふりをしている」と見られてしまう危険性があることも示している。相手と対話を重ね共通目標を設定することと、約束を必ず守ることに留意しなければいけない。

ここでは、「感じの悪さの第三法則：対立する社会的状況にあっては、お互いに共通する目標や経験など、対話の土台を作る努力をしないと、感じが悪くなる」と、「感じの悪さの第五法則：対立する社会的状況において、双方が嘘をつけない仕組みを作っておかないと、感じが悪くなるリスクが増える」が当てはまるだろう。

C型コミュニケーションの達人は

C型コミュニケーションの達人たちは「辛抱強く」対話を重ねる。「辛抱強さ」は、情動心理学では「effortful control」と呼ばれる。直訳すれば、「努力あふれるコントロール」であるが、内容は、目標を達成するまで有効な情動を選択し、それを維持することだ。私は「辛抱心」と意訳している。

野球の投手にたとえよう。フォアボールを出したり、味方のエラーで点を入れられても、投手は闘争心と冷静さを維持し続けてマウンドに立ち続けなければならない。投手がピンチに立ち向かうときは、闘争心と冷静さという情動状態を選択し、それを維持することが辛抱心だ。ただひたすら、不合理なしごきに耐えるという意味ではない。

興味深い研究が残っている。ロイ・グリンカーとジョン・シュピーゲルが第二次世界大戦中の航空隊員の心理状態を調査したものだ。

空中戦中や対空砲火を浴びながら爆撃をしているとき、航空隊員は、恐れと怒りの混じった感情を抱いている。恐れと同時に怒りを感じるのは、恐れを打ち消す働きをする感情が怒りだからだ。生命の危機を感じないための、一種の防衛反応といえる。危機にさらされて、隊員たちはその対処方法を探し、有効だと思える方法を選択した。

その際、もし生命の危機を回避する有効な方法（敵機を撃墜したり、攻撃目標を破壊するための方法）が見つからないときは、恐れに圧倒され、パニック状態になる。もちろん、そのようなパニックを引き起こさないために、日ごろから訓練を積み重ねる。

あなたが爆撃機の射撃手だと想像してほしい。突然、頭上から敵の戦闘機が機関銃を発射しながら攻撃をしかけてきたとき、恐れと怒りを感じるだろう。訓練通りに機関銃を操作し、敵機に発射するまで数秒かかる。その間、恐れに圧倒されないで自分の感情をコントロールし、怒りを活用して闘争心に切り替える心の働きが、辛抱心だ。

ビジネスで、利害が相反したり、考えや価値観の違う相手と交渉するときは、グリンカーとシュピーゲルが研究した航空隊員とよく似た心理状態になると考えられる。ビジネスなので、生命の危機にさらされることはないが、ビジネスマンとしての能力評価や、キャリアの将来性、報酬などが、直面する交渉にかかっている。

自分が大切に思うものを獲得できるか否かの状況に直面すると、人間はストレスを感じる。このストレスに負けないように、辛抱して、課題解決のもっとも良い方法を探索し、交渉相手と話し合いながら、共通目標を設定する作業をしなければならない。

C型コミュニケーションの達人は、辛抱心が強い人なのだ。辛抱ができない人は、安易な解決方法を取ろうとして、相手を脅迫したり、自分の有利な立場を利用して譲歩や屈服を一方的に強要し、交渉相手から「あいつの顔など、二度と見たくない」とか、「逆の立場になったら、酷い目に遭わせてやる」と恨まれる。

悪家老のように、せっかく状況を正しく読み取りながらも、稚拙《ちせつ》なコミュニケーションを取って、信頼関係を粉々に壊してしまう。辛抱心とは、「ちょっと待て、何か良い方法があるはずだ」と、どのような状況下にあっても、より良い課題克服方法を考え、それを実行する力である。

では、どうすれば、辛抱心が身に付くのだろうか。

ベストの方法はビジネスの修羅場《しゅらば》に飛び込み、どんな状況になっても、「もっと良い方法があるはずだ」と考えて、うまく修羅場を乗り切る体験をすることである。

修羅場はそうたびたび経験できるものではないので、日常生活で辛抱心を身に付ける方法として、自分でやると決めたことを一つ選び、それができるまで努力し続けることがおすすめだ。

ダイエットでも良いし、禁煙でも、禁酒でも良い。読書でも、スポーツでも、勉強でも良い。何か一つ目標を決め、それを達成するまでやり遂げる習慣を付けると、辛抱心は確実に身に付く。

ただし、あれもこれもと、いろいろなことをやろうとしないで、一つだけに限定することがコツである。

相手があるビジネスは、いつもこちらの思い通りに物事が進むわけではない。辛抱しても、失敗することはある。こういう最悪の場合の心理的な対処方法として、起きていることや結果を、最悪の状況が過ぎ去るまで、そっくり受け入れることが挙げられる。あえて極言すれば、無視をするのだ。

有効な方法を考えることを止め、心を無感動な状態にして、ひたすら耐えながら、自分のやるべきことをやり続ける。武士は食わねど高楊枝《たかようじ》、という感じだろうか。やせ我慢といったほうが適切かもしれない。心理学では「否定 denial」という防衛機制の一つと考えられている。絶望的な状況から抜け出すためには有効な方法だ。

ただし、度が過ぎると心の病気になるので、使い方には注意が必要である。このやり方は、最悪の状況と判断したときだけ、しかもできるだけ短い時間に限定してほしい。心を守るためとはいえ、現実から目をそらすのは健全なやり方とはいえまい。あくまで緊急避難的処置である。

しかし、私は、人材育成のどこかに、自分の力では乗り越えられない過酷な状況に追い込まれたとき、心の感受性を麻痺《まひ》させて状況が好転するまで待つというトレーニングを組み込んだほうが良いのではないかと思う。

私がヒアリングをしたC型コミュニケーションの達人は、相当厳しい修羅場を乗り越えた人ばかりで、辛抱心をビジネスの実践の場で鍛えていた。達人たちのキャリアを考慮すれば、トレーニング・プログラムではなく、修羅場体験をキャリア・プランに組み込むというやり方のほうが効果は大きいかもしれない。

その場合でも、優秀な人材が修羅場でつぶれないために、予防的なトレーニング・プログラムは必要になるだろう。

フィードフォワード思考とは何か

第七章では、C型コミュニケーションがうまくいき、SYAコミュニケーションへとレベルアップするための基礎になる、心理の説明をしていきたい。

ここまでは、心理的な基礎として、時間をかける余裕を持つことと辛抱心を養うことが大事であることを指摘した。次に必要な心理特性は、コミットメント能力を伸ばすことである。

ここでいうコミットメントとは、目標達成に対して、高い責任感を持つ人間の行動や考えのことだ。

長期的なコミットメント能力とは、コミットメントを維持して、それを強固にするための能力を指している。長期的という形容詞をわざわざ付けているのは、短期的なコミットメント能力なら、感じの悪い人でも持っているからだ。彼らは近視眼的なコミットメント能力が旺盛だから、パワハラ上司になったり、悪家老になったりするのである。

コミットメント能力が低い人のもっとも明らかな特徴は、いわゆる評論家タイプと呼ばれる行動傾向があることだ。会議などでとても素晴らしいことをいうが、自分からやろうとはしない。他人の揚げ足を取ることは上手だが、自分では何もしない。ビジネスでいちばん困るのが、この評論家タイプだ。

コミットメントをする人は、困難な状況でも、なんとか目標を達成しようと努力をするので、環境変化に適応するためのノウハウを身に付けることができる。したがって、しぶとく食い下がる能力が高くなる。

しぶとく食い下がる能力はレジリエンス（回復力）の一つだ。実際、アメリカの調査では、企業環境が激変し業績が低下した企業で、以前よりも高い業績を上げた人には、コミットメント能力が高く、挑戦を好む人が多いという結果が残っている。

この調査結果は、日本のビジネスやスポーツの現場でも当てはまるので、私のコーチングの柱になっている。ビジネスマンにもアスリートにも、「達成すると約束した目標は何が何でも達成すること」を強く求めているし、決められた期間内に必ず目標を達成してもらっている。

目標を達成したら、より高い目標に挑戦してもらう。この繰り返しで、ビジネスマンもアスリートもコミットメント能力を高め、環境の変化に対する対応力を高めていく。

短期的な目標に関心を持つのか、長期的なものに関心を持つのかについては、性格に近い心理特性かもしれない。ユング心理学では、性格を、感情―思考、直観―感覚、内向―外向の軸で八タイプに分ける。

直観タイプの人は、未来に関心が高いので、長期的目標を好み、感覚タイプは、いま現在の結果に関心があるので、短期的目標を好むとされる。ユングの考える性格レベルは、心の奥深くに根ざしている思考傾向に関係が深く、教育による変更が難しいとされる。

ただし、長年のビジネス体験で、もともとは直観タイプの人が感覚タイプに変わっている例にしばしば出会うので、長い時間をかければ、変更は可能なのだろう。性格なのか、考え方なのかの問題を脇に置いて、C型コミュニケーションの達人になりたいのなら、長期的な目標視点がどうしても必要である。

第四章の刑事の前田さんを思い出していただきたい。前田さんは、犯人が「この刑事なら話をしても良い」と思うまで、高度なC型コミュニケーションであるSYAコミュニケーションを取り続けた。

前田さんは、そのほうが長い目で見たときに良い結果が得られると信じていた。もし、取り調べる刑事が、前田さんとは反対に、短い時間で自白させて手柄を挙げようとしたら、刑事ドラマで見られるように、机を叩く、大声で脅すなどをしかねない。

日本の冤罪《えんざい》事件を紐解くとき、近視眼的な成果主義の弊害《へいがい》が山積しているといって良い。もし無実の人間が、屈服を強要され、死刑や懲役の判決を受けたとき、長期的に見れば、莫大な損害を与えることになる。

C型コミュニケーションに習熟しようと思えば、長期的な目標達成に対して強い責任感を持つ必要がある。この場さえ乗り切れば良いというやり方でビジネスを続ければ、企業は荒廃し、衰退していく。

対立した状況で、感じの悪い人は、この場さえ乗り切ればと考えて、一方的に妥協や屈服を強要し、相手の立場に立とうとはしない。企業の長期的な繁栄を考えたとき、限りなく「悪」に近い行為なのである。

では、長期的目標に対するコミットメント能力を開発するにはどうすればいいのだろうか。

評論家的な人の場合は、まず、短期的な目標達成に対してで構わないので、それに責任を持ち、行動することだ。そして、短期的目標に対するコミットメント能力が高まれば、次に長期目標にコミットメントをする重要性を理解し始める。

そのために、フィードフォワード思考を身に付けることが効果的だ。未来から現在を逆算するこの思考方法ができるようになれば、長期的目標と短期的目標が強く関連付けられて、短期的目標だけにとらわれる弊害を少なくすることができるだろう。

苦しい体験をした人だけが達人に

アメリカの調査で、挑戦を好む人が、環境の激変する企業のなかで高い業績を上げる傾向が強かったという結果を紹介したが、これはなぜなのだろうか？

挑戦とは、自分の現在持っている能力よりも高い能力が必要な目標を達成しようと努力することだ。その目標レベルは、絶対に達成できない目標と、余裕を持って達成できる目標の間にあって、絶対に達成できない目標に近いほうのレベルが最適と考えられている（図7－2）。

アスリートを例に挙げよう。目標レベルが低すぎると、モチベーションは上がらない。しかし、絶対にできないと思ってしまうレベルあたりで、急速にモチベーションは下がってしまう。

最適レベルはモチベーションが急速に下がるレベルの直前だが、非常に高レベルの目標だ。挑戦とは、このような高いレベルの目標に向かって日々の努力を積み重ねていくことなので、ビジネスでも、心身に相当の負荷を与える。

図7－2　目標レベルとモチベーションの関係

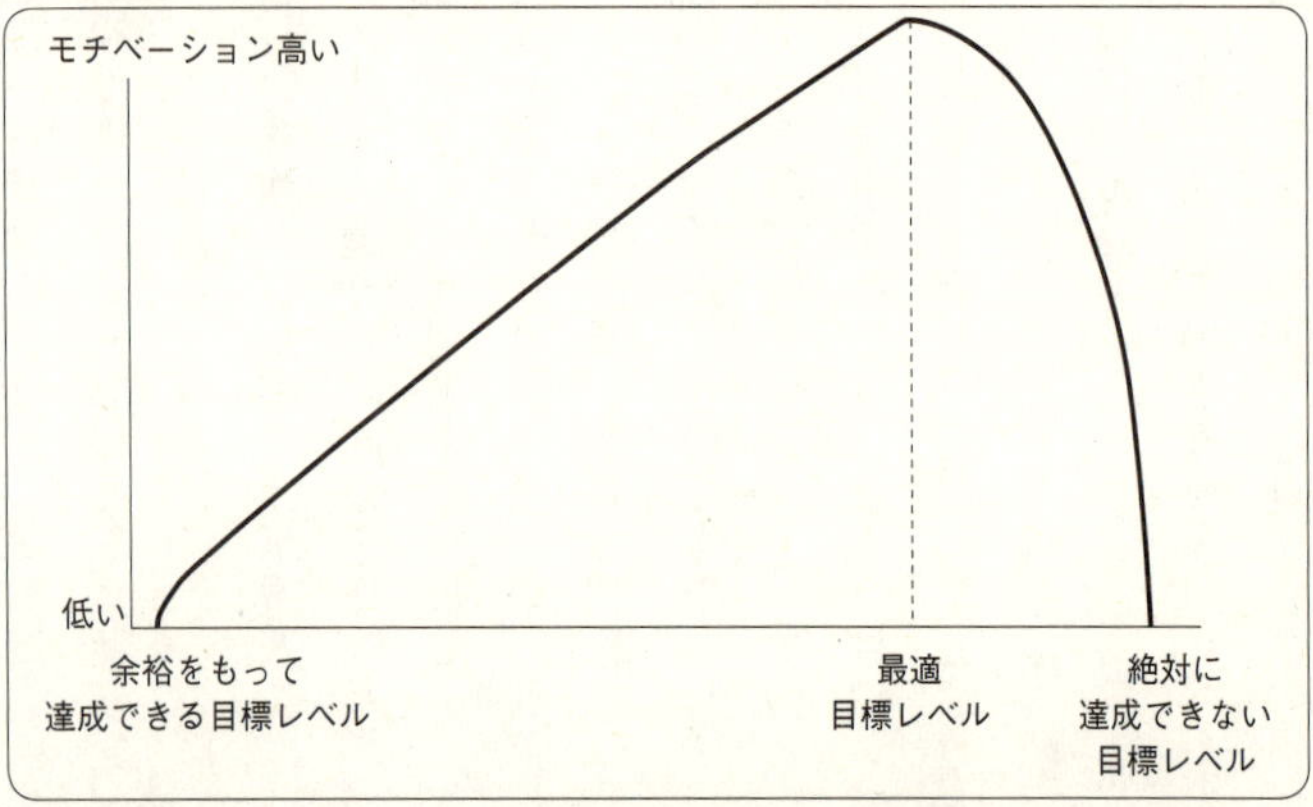

＊Rainer Martens "Coaches Guide to Sport Psychology", Human Kinetics, p.160

回復力という視点でいえば、この困難な状況を乗り切るためには、心身の疲労を回復させるためのノウハウを身に付けておかないと、目標達成は難しい。アスリートもビジネスマンも、苦しみながら回復のための工夫を重ねた者が、最後に実を結べる。

挑戦をし続けることで、もう一つ別の重要な心理機能も高まる。セルフ・エフィカシーだ。セルフ・エフィカシーとは、「自己効力感」と日本語訳されるが、「自分がある特定の条件のもとで、ある特定のことができるという、主観的な意識」のことである。

C型コミュニケーションの達人たちは例外なく、自分の職務に対し、強いセルフ・エフィカシーを持っている。「自分は目標を達成できる」と強く信じられるので、将来に対して不安を持つ度合いも小さいし、対立しても、焦らず急がず、いちばん効果的と思う方法を選択して、粘り強く対話できるのだ。

交渉に臨む姿勢も一貫しているし、自信を持って自分の意図を相手に明かすこともできる。彼らが感じの悪さの第二法則に当てはまらない、適切な自己開示ができる人である理由を、このことからご理解いただけるだろう。

セルフ・エフィカシーのもっとも確実な源泉は、挑戦した壁を乗り越えた体験である。

C型コミュニケーションの達人は、もれなく苦しい体験を乗り越えてきた人だ。フランス革命で、断頭台で薄幸《はっこう》な人生を終えた、フランス王妃マリー・アントワネットは、フランス革命が起きる前は軽薄で、あまりものごとを深く考えない平凡な女性だった。

しかし、夫のルイ一六世が断頭台で刑死し、子どもたちから引き離され、自分も死ぬ運命と悟ったとき、「不幸のうちに初めて人は、自分が何者であるかを本当に知るものです」と語ったといわれる。マリー・アントワネットは死ぬ直前になり、共感と勇気に満ちた素晴らしい女性に成長したのだ。

苦難には人間を成長させる力がある。C型コミュニケーションの達人は、みずからの意志で高い目標に挑戦し、苦しみ抜いた。それゆえ、人生の苦難に真摯に取り組んでいる人に対して、心からの共感を示すことができる。

セルフ・エフィカシーそのものは共感と直接関係はないが、セルフ・エフィカシーを作り出す過程で、共感が副産物として生まれてくる。C型コミュニケーションの達人に、「感じの悪さの第七法則：対立する社会的状況にあって、共感することを忘れると、感じが悪くなる」の症状が出ないのは、絶え間なく挑戦をして苦しみ続けたからである。

私は対人関係スキル・トレーニングだけの効果に疑問を持っている。スキル・トレーニングだけでは、真の共感を感じ、それを相手に伝えることができるようにはなれないからだ。人生の修羅場にあって、血を吐くくらいの体験をしないと、真の共感はなく、人を心から敬服させることはできない。

C型コミュニケーションの基礎的なコンセプトは、トレーニングによってある程度習得できるが、完全に我がものにするためには、試練に挑み、それを乗り越える必要があるだろう。

昇進するとなぜ問題が出るのか

私は長年、ビジネス界で、エグゼクティブ・コーチングの仕事をしてきた。依頼された案件の半分以上は、「この人物は担当業務で抜群の成果を上げたので昇進させた。しかし、部下に対して厳しすぎるなど、リーダーとして問題点が見えてきた。何とか良いリーダーに育成してほしい」という類のものである。

対象は、部長クラスか執行役員クラスが多い。クライアント企業の教育担当者に聞くと、「課長のときはとりわけ大きな問題はなかったが、執行役員になったり、そろそろ昇進かな、というあたりから、リーダーとして問題があるとトップや海外本社から指摘を受ける」という。

この原因の一つは、このクラスになると、トップや海外本社の統括役員と直接接する機会が多くなり、評価の目が厳しくなるからだ。

原因の二つ目としては、執行役員となると、他の事業部門や海外の関連事業部門との折衝が増え、そのなかで、コミュニケーション能力や部下の育成力の不足が目に付くようになることも挙げられる。

そして、三つ目の原因は、ポジション・パワーが飛躍的に大きくなることだ。

この本のテーマの一つは、「C型コミュニケーションを身に付けるにはどうすれば良いか」だが、ポジション・パワーはそのテーマの付録のような話である。

私が、リーダーシップに問題ありとされた人物に会ってみると、いずれも感じが良く、有能な人ばかりである。トップの方から、リーダーシップに問題あり、と指摘されれば、指摘されたことに心当たりはあると素直に認める。

図7-3　企業内のポジションと部下に与えるポジション・パワーの関係

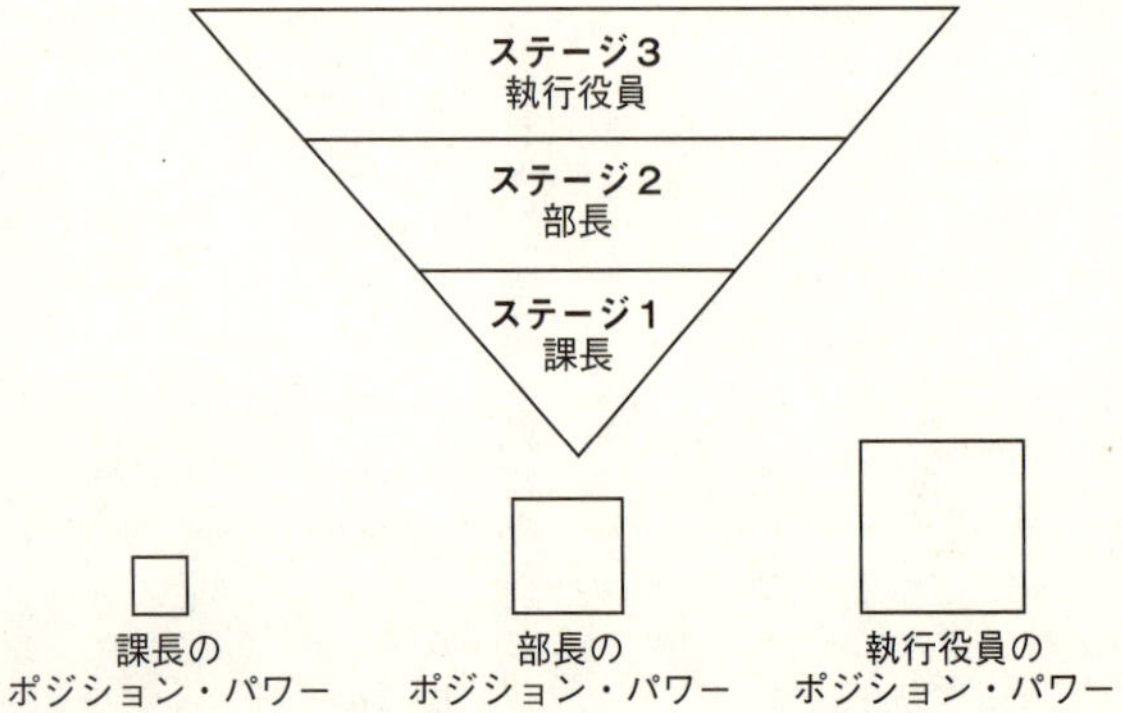

しかし、課長のときは、いまとまったく同じようなやり方で部下に接して課はまとまっていたのに、昇進したらなぜ問題が出てきたのか、と納得ができない。自分の言動が、なぜそれほど部下や同僚に強いインパクトを与えるのか、よくわからないのだ。

リーダーシップを改善してほしいと依頼されたときの人物には、共通した特徴がある。

- 担当業務に精通し、その業務に関しては業界でも高い評価を受けている。過去に達成した成果はその企業でもトップクラスのものである。
- 積極的で行動力がある。
- 相手が間違ったことをしたときは、上司でも同僚でも部下でも、はっきりと間違いを指摘し、改善してほしいと要求する。
- 頭の回転は非常に速い。

これらの特徴を持つ人が執行役員としてあなたの上司だったら、あなたはどういう印象を持つだろうか？　もしその人が課長で、あなたの上司だったら、どんな印象を持つだろうか？　社長だったらどうだろうか？　ポジションによって、印象は違ってこないだろうか？

企業の三つのポジション、課長、部長、執行役員を建物にたとえ、一階、二階、三階の三つの高さに分かれているとする。高さの比は一：二：三だが、部下に与えるポジション・パワーは一：二：三ではない。組織秩序がきちんと整備されている大企業であれば、一：四：九くらいの開きができてしまう。直線的な変化ではなく、自乗比的な変化なのだ（図7－3）。

良い課長は、良い部長になれない

私がコーチングした人は、肩書と人間の価値は無関係と考えている人たちだったが、意外なことに、これが落とし穴だった。高い業績を上げたことが評価され昇進して、次は役員のポストが近付いてきた人たちだが、自分自身は以前の自分と変わっていないと思っている。

部下に対しても、昇進前と同じように、遠慮なく間違いを指摘する。業務知識は断トツに豊かなので、いい加減なことを部下がいうと、するどく突っ込む。頭の回転は速いから、猛スピードで論理を展開する。

課長クラスまでなら、部下たちも数年は同じ仕事をしてきた人間が多い。気心も知れているし、部下がもたついたら、自分でやってしまえる。家族的な雰囲気でマネジメントでき、少々きついことをいっても理解してもらえる。

ところが、部長や執行役員となれば、人事考課の最終評価者であったり、予算に対する権限も大きくなる。新入社員にとっては雲の上の人だ。

軽い気持ちで指示したことでも、部下たちは質問しにくくなるし、納得できないまま、指示されたことをやる。部長や執行役員のほうに一方的に強要する気が皆無であっても、部下たちにとっては、命令を強要されていると感じるようになる。

つまり、「感じの悪さの第四法則：対立する社会的状況にあっては、譲歩や屈服を相手に強要すると、感じが悪くなる」状況に陥ってしまいがちなのだ。

部長や執行役員ともなると数十人、数百人の部下がいる。一人一人の社員と毎日顔を合わせられない。経営トップの方針が変わり、そのため担当部門の方針も変更しなければならないことも起きる。変更を一人一人の部下に説明して回ることはできない。たいていは課長を通して方針変更が一方的に伝えられる。

一般社員にしてみれば、前に約束したことが簡単に反故《ほご》にされた印象を持ってしまう。部門の方針変更の幅が大きく、社員一人一人への影響は課単位の変更に比較してはるかに大きいにもかかわらず、説明が不足してしまう。すると、印象が悪くなるのだ。

「きついことをいうわりに、うちの部長は平気で嘘をつく」と誤解され、部下たちの心のなかの上司像は、「感じの悪さの第五法則：対立する社会的状況において、双方が嘘をつけない仕組みを作っておかないと、感じが悪くなるリスクが増える」が当てはまるものとなってしまう。

言い方がストレートなので威張《いば》っているとか、部下の気持ちに共感しないなど、自分の知らないところで、勝手に感じの悪い上司像ができ上がっていく。キャリア・ステージが経営トップに近付くにつれて、ポジション・パワーが強くなり、上司像に歪《ゆが》みを与えてしまう。その人が行動的で、頭の回転が速く、言動が率直な人ほど、歪められてしまうのだ。

上司イメージを悪くしないために

私が担当した人物には、「部下に対し、できる限り丁寧に自分の意図や考え方、価値観を説明するように」というアドバイスをする。このアドバイスを受け入れてもらえるだけで、部下たちの受ける印象がポジティブな方向に変わり始める。

「感じの悪さの第二法則：適切な自己開示をしなかったり、自分の本当の意図を隠したまま、偽の意図を相手に伝えたとき、感じが悪くなる」によって、部下の上司イメージが悪くならないよう、適切な自己開示をする努力をしてもらうことが、私のアドバイスの狙いだ。

次に、部下たちに率直な意見をいうコミュニケーションスタイルは変えないようにと依頼した。ただし、意見をいうときは、「私の意見だが」とか「〜と私は思う」という表現をしてほしいとアドバイスをしている。

つまり、自分の意見を部下に強要していないと部下に感じてもらうと同時に、自分のもとの考えである「肩書と人間の価値は無関係である」を、折に触れて部下に伝えてもらうためだ。

ポジション・パワーが自分のイメージに影響を与えているとは夢にも思っていないビジネスマンがいるが、会社でのポジションが上がるにつれて注意したほうが良い。

人間の心理は、社会的状況や社会的な関係によって変化する。おそらく性格、価値観、行動傾向、能力、知識などの個人的な心理的な特性以上に、社会的な要因が与える影響のほうが大きい。

上司と部下の関係は、ビジネスの他の人間関係よりもはるかに複雑な側面を持っている。

図7－4 感じの良いビジネスマンになるために

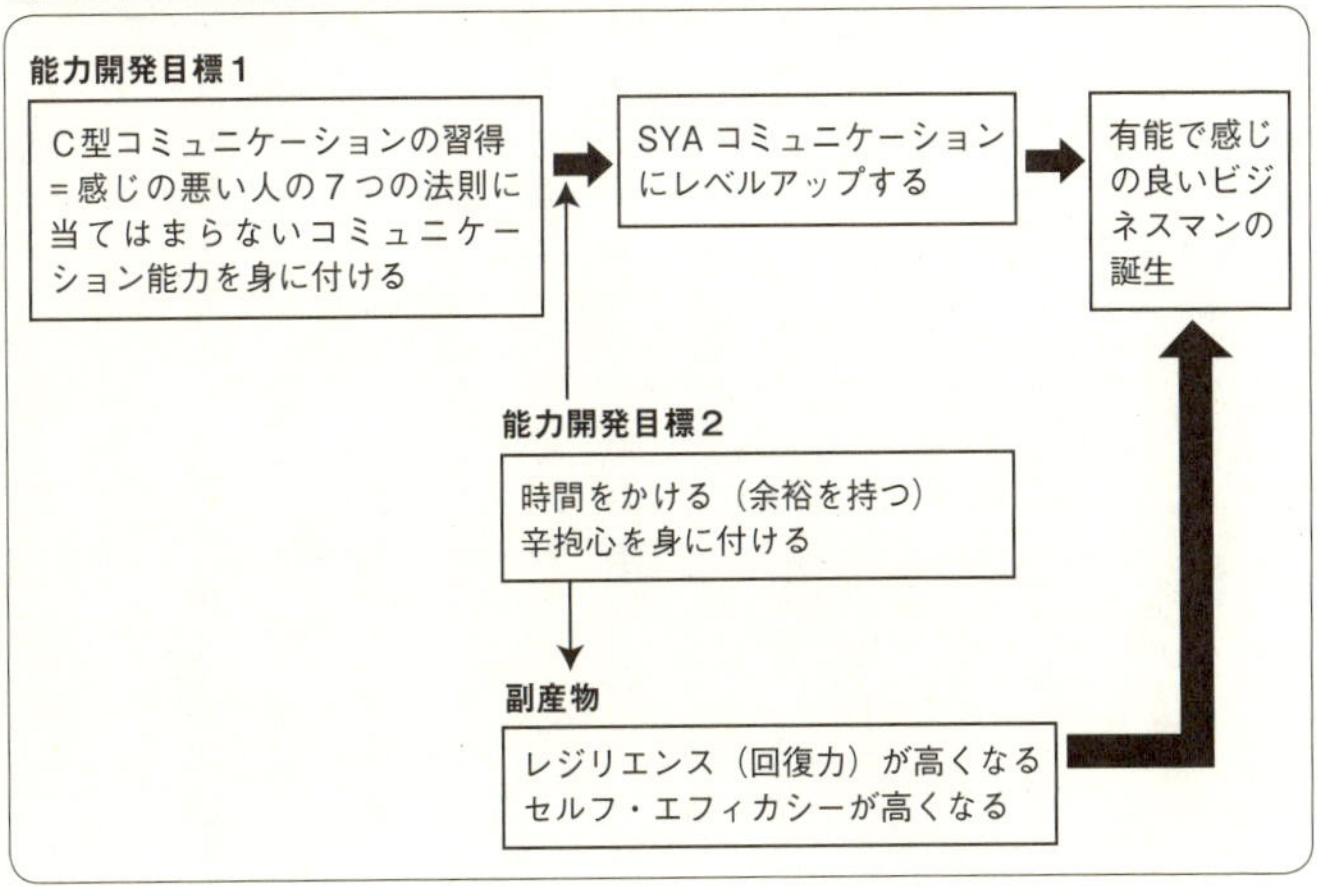
能力開発目標1
C型コミュニケーションの習得
＝感じの悪い人の７つの法則に当てはまらないコミュニケーション能力を身に付ける
SYA コミュニケーションにレベルアップする
有能で感じの良いビジネスマンの誕生
能力開発目標2
時間をかける（余裕を持つ）
辛抱心を身に付ける
副産物
レジリエンス（回復力）が高くなる
セルフ・エフィカシーが高くなる

売り手と買い手、債権者と債務者などの関係は、その大半が対立する社会的な状況下で結ばれているが、上司と部下は、仲良くする社会的状況と対立する社会的状況が、複雑に入り組んでいる。

したがって、いまどちらの社会的状況にあるのかを判断し、C型コミュニケーションとF型コミュニケーションのどちらが正しいのかを選択するのが難しい。それゆえ、リーダーシップやマネジメントの課題は、ビジネスの永遠のテーマになるのだ。

対立する社会的状況にあっても、相手から、「敵ながらあっぱれ、もう一度あの人に会いたい」と思ってもらえることが、ビジネスで成功するための、必要条件だ。最後に、対立していても、能力があり、感じの良いビジネスマンと思ってもらえるにはどうすれば良いかを前頁図7－4にまとめてみた。

むろん、感じの悪いことそのものは決して悪ではない。隣に住む人が感じが悪くても、私たちは嫌な気持ちにはなるが、深刻な影響を受けることはほとんどないからだ。

しかし、上司と部下の関係、発注側と下請け側の長期的な関係では、感じの悪い上司や発注者は、甚大《じんだい》な被害を及ぼす「悪」になり得る。

この本を読んでいただくあなたに、部下がいる場合、また弱い立場にいる人たちと長期間仕事をしている場合、ぜひSYAコミュニケーションを身に付けるための能力開発に取り掛かっていただきたい。

またこの本を読んで、感じが悪いよりも良いほうが、長い目で見て大きな利益を得ることができると確信した方も、ぜひSYAコミュニケーション能力開発にチャレンジしていただければと思う。

あとがき——人間は悪と善の間を揺れ動く振り子

本書でしばしば登場する悪家老は、決して悪人ではなく、短期的な目標を必死になって達成しようとした真面目なビジネスマンだと思う。悪家老は別の社会的な状況では、たいへん良い人と評価する人も現実にはいた。

しかし、私たちが敬愛する経営者を解任し、占領軍の先兵として乗り込み、私たちの人間的尊厳を否定するような言動を取った瞬間、その存在は「悪」になった。

人間は、状況によっては、取り返しのつかない「悪」を犯すことがある。私の人生を振り返ったとき、私自身も「悪」を犯したという痛恨の記憶が甦《よみがえ》ってくる。

心理学の勉強をしていくなかで、悪の問題は、長い時間をかけて私のなかで熟成されてきたのだ。熟成の種を植え付けてくれたのが、二人の偉大な心理学者である。フィリップ・ジンバルドと、スタンレー・ミルグラムである。二人の先達《せんだつ》に心からの感謝を捧げたい。

彼らと私には共通点がある。むろん、学問的な業績と心理学の学徒としての優秀さには共通点はない。弱者の立場にいて、人生の地獄を垣間見たことが共通しているのだ。

ジンバルドとミルグラムは、普通の人間が悪を犯すことを、実験で証明しようとした。その動機は、彼らはともにニューヨークのスラム街の出身で、虐《しいた》げられた体験があったからだと推察している。

私は人生で社会的弱者の立場に立ったことがあり、権力を持つ人間から非人間的な取り扱いを受けた。私が弱者であったとき、自分の身を顧みずサポートしてくれたたくさんの人たちとも出会ったが、情け容赦なく私を叩きのめそうとした人もいた。人間は悪と善の間を揺れ動く振り子のような存在である。

最後に、この本を書くにあたり、園山征夫氏を始め、たくさんの方が、快く筆者のインタビューに応じてくださった。これらの方々のご協力のおかげで、この本を書くことができた。厚く御礼を申し上げたい。また、「普通の人間がなぜ悪に手を染めるのか」という重いテーマについて書く機会を与えていただいた講談社の間渕隆さん、講成を手伝っていただいた水沼純和さんには、遅れがちな筆者の原稿を、時間をかけ、辛抱強く待っていただいた。この場で改めて、心からの敬意を表したい。

それと、この四五年間、私を支え続けてくれた、世界でもっとも感じが良い最愛の妻あきよに最大の感謝をしつつ、幕を下ろそう。

二〇一二年一〇月

松下信武《まつしたのぶたけ》

松下信武

1944年、大阪府に生まれる。1970年、京都大学経済学部卒業。「日本生産性本部」キャリア・コンサルタント養成講座講師、「ベルシステム24」執行役員・総合研究所長、獨協大学経済学部特任教授などを歴任したあと、2008年、ゾム株式会社代表取締役社長に就任。2010年のバンクーバーオリンピックには、「日本電産サンキョー」スケート部のメンタルコーチとして参加し、スピードスケート男子500メートルの長島圭一郎選手の銀メダルと加藤条治選手の銅メダル獲得に、そして女子500メートル吉井小百合選手の入賞に貢献。ISRE(国際情動心理学会)、アメリカ心理学会会員。著書には、『はじめての失業・再就職』(日経文庫Personal)、『凡人が一流になる「ねたみ力」』(ソフトバンク新書)などがある。

講談社+α《プラスアルファ》新書 604-1 C

「感《かん》じが悪《わる》い人《ひと》」は、なぜ感《かん》じが悪《わる》いのか？

人生に成功する7つのSYAコミュニケーション

松《まつ》下《した》信《のぶ》武《たけ》

2012年10月22日第1刷発行

発行者―――― 鈴木 哲

発行所―――― 株式会社 講談社

東京都文京区音羽2-12-21 〒112-8001

電話 出版部(03)5395-3532

販売部(03)5395-5817

業務部(03)5395-3615

装画―――― いながきちえこ

デザイン―――― 鈴木成一デザイン室

本文組版―――― 朝日メディアインターナショナル株式会社

カバー印刷―――― 共同印刷株式会社

印刷―――― 慶昌堂印刷株式会社

製本―――― 牧製本印刷株式会社

定価はカバーに表示してあります。

落丁本・乱丁本は購入書店名を明記のうえ、小社業務部あてにお送りください。

送料は小社負担にてお取り替えします。

なお、この本の内容についてのお問い合わせは生活文化第三出版部あてにお願いいたします。

Printed in Japan

ISBN978-4-06-272780-8